본성과의 대화 2

본성과의대화 2

ⓒ 문화영, 1999

1판 1쇄 | 1999년 5월 28일
2판 1쇄 | 2010년 7월 28일
2판 3쇄 | 2022년 12월 23일

문화영 지음

펴낸곳 | 도서출판 수선재
펴낸이 | 장미리

출판등록 | 2022년 5월 30일 (제2022-000007호)
주소 | 전남 나주시 한빛로61 111-1004
전화 | 0507-1472-0328
팩스 | 02-6918-6789
홈페이지 | www.ssjpress.com
이메일 | ssjpress@naver.com

ISBN 978-89-89150-65-7 04810 2권
ISBN 978-89-89150-63-3 04810 (전4권)

잘못된 책은 바꾸어 드립니다.
저자와 협의하여 인지는 생략합니다.

본성과의 대화

2

문화영 지음

수선재

차례

본성과의 만남 전후

1 — 운명은 틀 11
2 — 모든 것은 내 것 13
3 — 흔들림 15
4 — 흔들리지 않는 마음이 본성 17
5 — 소중한 것을 버려라 19
6 — 흔들림은 심허心虛에서 온다 21
7 — 여유를 가져라 23
8 — 가라앉는 호흡 25
9 — 선인仙人이란 27
10 — 각자覺者의 서열이 높은 이유 29
11 — 수련자의 사랑 31
12 — 사제지간의 도리 33
13 — 인간의 도리 34
14 — 운명이란 36
15 — 부동不動은 단전에서 나와 40
16 — 집기集氣 42
17 — 법 43
18 — 단斷 44
19 — 도 46
20 — 마음대로 하라 47
21 — 자기 자신을 속이지 말아라 48
22 — 수련의 요체 50
23 — 나와의 인연 51
24 — 서두름 53
25 — 자신自信을 가져라 55

26 ― 마음이 편해야 56
27 ― 수련은 자기 확인 58
28 ― 기회의 포착 60
29 ― 하늘이 요구하는 인간 62
30 ― 기상 이변 64
31 ― 나는 절대 가치 66
32 ― 나를 찾은 후 수련 68
33 ― 나의 화신 70
34 ― 인간의 변수 72
35 ― 호흡과 정신의 일치 74
36 ― 마음은 천지 만물 76
37 ― 자신의 자리에 있어야 78
38 ― 포기하라 80
39 ― 매사가 기회 82
40 ― 단순함이 근본 84
41 ― 힘과 짐 86
42 ― 견딘다는 것 88
43 ― 자신自信을 가져라 89
44 ― 평범한 것이 어렵다 91
45 ― 마음에는 없는 것이 없다 93
46 ― 마음먹은 바를 오래 간직해야 96
47 ― 정확해라 98
48 ― 세 번의 기회 99
49 ― 수련 중의 도움 101
50 ― 업적은 우주의 일 103

51 ― 자신을 깨라 105
52 ― 영靈의 호흡 106
53 ― 정보는 호흡 107
54 ― 입기入氣와 출기出氣 108
55 ― 단전으로 판단하라 110
56 ― 베푸는 것이 거두는 것 112
57 ― 여유는 힘 114
58 ― 깨달음은 중간 목표 116
59 ― 나를 위해 살라 118
60 ― 실생활과 수련의 조화 119
61 ― 의지는 인내의 약 121
62 ― 자만이 아닌 자신 122
63 ― 문학에서의 성취 124
64 ― 생각을 주의해라 126
65 ― 호흡은 만법에 우선 128
66 ― 힘의 결집은 조화로써 가능 130
67 ― 중화를 이루는 방법 132
68 ― 호흡은 모든 것 134
69 ― 도는 조정 136
70 ― 도는 원래 존재하는 것이 아니다 138
71 ― 호흡에 감사해야 140
72 ― 명命의 조절이 가능 144
73 ― 일상日常의 계획 146
74 ― 마음대로 할 수 있는 것 148

75 — 수련은 작지도 크지도 않아 150
76 — 마음은 스승 152
77 — 작은 일 1   154
78 — 작은 일 2   156
79 — 작은 일 3   158
80 — 인간이 위대한 것은 정성 때문 160
81 — 문학의 어려움 162
82 — 物物 위주로 생각하면 고개가 꺾어진다 164
83 — 거듭되는 좌절 166
84 — 정확에서 출발해야 168
85 — 소각과 대각 169
86 — 고해의 의미 171
87 — 나는 절대 명제 173
88 — 현재의 위치가 가장 중요 175
89 — 정성 176
90 — 자족을 알라 178
91 — 호흡 7   180
92 — 일상日常이 중요 182
93 — 한 곳을 지향하라 184
94 — 노력은 우주를 감동시켜 186
95 — 아침은 하늘의 시간 188
96 — 신도 인간이 수련하는 것은 못 막아 190

97 — 불만은 깨달음으로 인도한다 191
98 — 부족하면 부족한 대로 193
99 — 기공에서 심공으로 195
100 — 우주는 생각으로 움직여 197
101 — 단전으로 보고 199
102 — 쉬는 법 201
103 — 하늘 인간 203
104 — 기안, 영안, 법안, 심안 205
105 — 정신일도 하사불성 208
106 — 때란 기운이 지원되는 시기 210
107 — 잡념은 죄악 212
108 — 무념이란 214
109 — 정성의 대상은 자신 216
110 — 수련은 힘 218
111 — 사랑의 양면성 220
112 — 도는 나와의 일치 222
113 — 버린다는 것 224
114 — 수련하는 인연 226
115 — 본성은 모두 같다 228
116 — 직분에 충실하라 230
117 — 여자의 생리와 수련 232
118 — 천기를 자랑하지 말아라 234
119 — 법이란 236
120 — 건강은 우선하는 가치 238
121 — 불가능은 없다 1   240
122 — 한 가지 일 242

123 ─ 자신의 일 244
124 ─ 하늘은 항상 맑다 246
125 ─ 천벌이란 248
126 ─ 아무것도 없다 250
127 ─ 세상일의 순서 252
128 ─ 세상의 서열 254
129 ─ 우주는 마음 256
130 ─ 천기 수련 258
131 ─ 집중이 가능한 마음 260
132 ─ 마음이 맑으면 우주와
　　　교신이 가능 262
133 ─ 수련으로 인도되기 위한
　　　과정 264
134 ─ 우주와 교신이 가능한
　　　인간 268
135 ─ 수련의 기회 270
136 ─ 새벽 기도 272
137 ─ 수련에서 실마리가
　　　풀리면 274
138 ─ 수련은 사후세계의 보장 276
139 ─ 호흡 게송 278
140 ─ 하늘은 공평하다 280
141 ─ 일체 유심조 282
142 ─ 정성은 우주를 움직이는 힘 284
143 ─ 인간의 미래 286
144 ─ 모든 것을 바로 보는 것 288

145 ─ 인생을 적극적으로
　　　운용하라 290
146 ─ 사람은 항상 같아야 292
147 ─ 모르게 도와라 294
148 ─ 힘이 있어야 296
149 ─ 수련에서는 재시도가
　　　가하다 298
150 ─ 진리와의 일치 300
151 ─ 작은 일이 역사를 만들어 302
152 ─ 세상을 긍정적으로
　　　이용해야 304
153 ─ 모든 것은 내 탓 306
154 ─ 자신에게 원인이 있다 308
155 ─ 텔레파시가 가능한 인류 310
156 ─ 수련은 가볍지 않다 312
157 ─ 자신에게 감사 314
158 ─ 복을 짓는 일 316
159 ─ 기억력의 증가 318
160 ─ 충전 시는 충전만을 319

내 마음에서 모든 것이 출발한다.
내 마음으로 모든 것이 귀속되며
어느 과정, 어느 단계의 결과도 모두 내 마음에 근거한다.

1
운명은 틀

본성과의 만남 전후

    항상 생활은 빛나야 한다. 행동 하나하나가 더 이상 다듬을 것이 없이 빛날 수 있어야 한다. 손가락 하나 움직이는 것도 법이요, 눈 한 번 깜빡이는 것도 법이며, 숨 한 번 쉬는 것도 법이니 이 세상에 법이 아닌 것이 없는 까닭이다.

    법은 어디에도 배어 있어 그 배어 있음조차도 느껴지지 않고 그 자체로서 전달되어야 하며, 이런 생활이 되도록 자신을 항상 닦아야 한다. 수련은 자신을 닦고 닦아 더 이상 닦을 것이 없는 상태로 만드는 작업이며, 이 과정이 끝나고 나면 성인聖人이 되는 것이다.

    성인은 원래 있는 자질에 자신의 노력으로 되는 것이며 따로 있는 것이 아니다. 허나 자질을 가지고 태어났으면서도 노력이 부족하여 되지 못하는 경우도 있으며, 다소 부족한 자질이나 특출한 노력으로 가한 경우가 있으므로, 사람의 운명은 반드시 어떤 틀에 얽매여 있는 것은 아니다.

    의식이 없으면 틀대로 가는 것이요, 의식이 깨이면 틀에서 벗어

11

나는 것이다. 그 틀의 안에서 안주하는 것은 인간으로 태어난 이상, 가장 '해서 보람 없는 일'이 될 것이며, 그 틀을 깨고 나왔을 때 '참자신'과 만나게 될 것이다. 운명은 그 틀이니라.

알겠습니다.

    깨여서 자신을 찾아라.

그리하도록 하겠습니다.

2
모든 것은 내 것

하늘은 항상 하나이다. 둘인 듯싶어도 언제나 하나인 것이다. 인간이 모든 것을 갖고 싶어 하는 것은, 하나라는 생각이 없고 자신이 아닌 타인의 것이라고 생각하는 데서 오는 것이며, 모두 자신의 것이라고 생각하는 한 갖고 싶어 할 이유가 없다.

항상 내 것이 아닌 것은 취하고 싶은 것이며 내 것은 이미 취할 이유가 없는 것이다. 모든 것이 다 이미 내 것이 되었거늘 내 것이 아니라는 그 생각이 사람을 초조하고 서두르게 하는 것이다.

이 세상은 모두 하나이다. 자신이 하나라고 생각한 이상 모두 하나이며 더 취할 것도 없는 것이다. 사명을 다하기 위해 노력하는 것과 수련 도중에 부딪치는 현세의 일에 관하여 구하고자 노력하는 것은 별개이다.

마음가짐이 모두 하나라는 인식으로 구하는 것과, 따로 있으나 내 것으로 만들고자 구하는 것은 그 구하는 목적이 다르므로 효과가 전혀 다르다. 가급적 사명의 준비로서 구함이 좋다. 모든 것은 수련에 뿌리를 두어야 하며 개인에 근거한다면 바람직스럽지 못한 것이 될 수밖에 없는 것이니라.

알겠습니다.

3
흔들림

바쁜 일일수록 서둘지 말 것을 요한다. 바쁨 그 자체에 자신에 대한 '테스트'가 있다. 인간의 마음이 흔들리는가 여부는 여러 가지로 테스트된다. 바쁨도 그 중의 한 가지이니 어떤 흔들리는 일이 있어도 한 번 더 생각해보고 방안을 찾아보도록 해라.

항상 마음의 여유는 살아 나갈 수 있는 길을 열어 준다. 여유가 없으면 살 길이 없는 것이요, 여유가 있으면 살 길이 있는 것이다. 여유스러운 것이 아닌 참여유가 있어야 한다. 참여유는 흔들리지 않는 데서 온다.

흔들림 그 자체는 인간으로서 있을 수 있는 일이되 수련 과정에서는 경계해야 할 대상 중의 하나이니, 어떤 일을 당해서도 동요가 없는 것만이 궁극적인 수련을 가능케 해줄 것이다.

흔들림에 대한 내성은 빠를수록 좋다. 흔들림 자체는 별로 대단한 것이 아니나, 그 흔들림이 주는 파장은 주변의 모든 것들까지도 흔들어 놓는 경우가 있으니, 그것이 무서운 것이다.

주변이 흔들리더라도 내가 흔들리지 않을 수 있어야 하는데, 내가 흔들림으로써 주변까지 흔드는 것은 그 영향이 대단한 바가 있는 것이다. 항상 어떤 일에서든 흔들리지 않도록 해라.

알겠습니다.
  어떤 일이든지 흔들리지 않아야 하느니라.

흔들리지 않는 마음이 본성

'흔들리지 않음' 그 자체는 무서운 힘이다. 항상 상대를 정확히 파악하고 적시에 공격을 가할 수 있는 힘은 흔들리지 않는 데서 온다. 대상은 자신이다. 흔들리지 않는 자신으로 흔들리는 자신을 깨는 것이다. 자신이 흔들리면 자신이 깨일 수 없는 것이다.

깨인다 함은 또 하나의 자신의 파괴이다. 자신을 파괴함으로써 새로운 자신이 태어난다. 본래의 자신을 찾는 힘은 내가 흔들리지 않는 부동의 자세를 견지하는 데서 온다. 내가 흔들리지 않을 수 있는 만큼 나 자신에게 가까이 다가갈 수 있으며, 흔들리지 않은 만큼 수련이 진전되는 것이다.

흔들리지 않는 마음은 그 자체가 본성이다. 본성에서는 보이지 않는 것이 없다. 모든 것이 일체이므로 통하게 되며 그곳에서 모두 확인이 되는 것이다. 흔들림은 감정이다. 감정에 의해 흔들림이 오게 되는 것이다.

점차 감정 통제에 익숙해짐으로써 흔들림이 줄어들면 모든 것이 내 것이 된다. 내 것이 되는 비율 역시 흔들리지 않는 비율에 일치하는 것이니라. 알겠느냐?

네.
    흔들리지 않도록 해라.

알겠습니다.

소중한 것을 버려라

어떠한 경우에도 흔들림이 없어야 한다. 흔들리지 않아야 매사의 확인이 정확하며, 흔들리면 흔들리는 것만큼 오차가 발생하게 된다. 모든 일에는 흔들림을 조장하는 파장이 숨어 있으며 나를 가장 많이 흔들 수 있는 대상은 또한 나를 가장 많이 수련시키는 스승이기도 한 것이다.

참스승은 제자의 훈련을 안이하게 시키지 않는다. 극한의 인내로 자신과 동일시될 때까지 그간의 업의 껍질을 수없이 벗겨낼 것이다. 어떤 때는 이제야 진정 자신을 만났는가 하는 생각이 들 때도 있을 것이나, 그런 생각이 드는 단계까지도 또 하나의 벗어야 할 껍질인 것이다.

벗어남에 대한 갈망 자체도 그만큼의 안주하고픈 욕망이 더 강하게 남아 있는 것이며, 거기에 끌려 이러지도 저러지도 못하다가는 마음이 찢어지는 듯한 격한 고통을 겪게 된다. 어느 방향으로든 본인이 움직이고자 의식하는 방향으로 움직이게 될 것이며 그럼으로써 반대 방향은 차단이 될 것이다.

  수련 자체는 마음공부인 까닭에 소중한 것일수록 버릴 줄 알아야 하며 버린 후 진정 자신의 것이 되는 것이니라. 버린다 함은 자신의 마음의 울타리를 넓히는 것이니 어찌 버림에 인색하여 고통을 자초하는 것이냐? 버려 보아라. 아직 참버림의 환희에 이르기까지엔 많은 고비가 있느니라.

알겠습니다.

6
흔들림은 심허$_{心虛}$에서 온다

저의 금생은 어떻게 평가될 것인지요?

업이다. 잘한 것도 있으나 잘못한 것도 많다. 하여튼 타에게 피해를 주지 않아야 하는바, 타에게 피해를 준다면 수련이 더 이상 진전되지 않는다. 타인이 나로 인해 흔들리거나 내가 남으로 인해 흔들리는 것은 수련자가 가장 경계해야 할 일 중의 하나인바, 아직 이런저런 영향을 받는다는 것은 심기가 확고하지 않다는 뜻이 되는 것이다.

심기가 확고한 이상 흔들릴 필요가 없고 흔들리지 않는 한 남에게 피해를 주는 일이 없으니, 그로서도 많은 업이 상쇄되는 것이다. 매사는 그렇게 인간의 마음대로 되는 것이 아니다. 우리가 추구하는 본성은 현재 인간의 본성이 아닌 본래 우리의 본성인 것이다.

현재 나의 마음은 그 자체가 100% 순수하지 못하므로 아무리 본성에 가까워도 순도가 100%는 아닌 것이다. 이것을 점차 닦고 연마하여 100%의 순도로 변화시키기까지는 수많은 노력이 필요

할 것이다.

　모든 것은 본인의 노력에 의해 가능하며, 마음이 흔들리는 요소를 조속히 제거함으로써 심허心虛에서 벗어나야 한다. '나'가 없으면 흔들린다. 나의 흔들림은 심이 허할 때 오므로 마음이 허하지 않도록 심신을 계속 갈고 닦을 필요가 있다.

　나 자신에게 영향을 미치는 것은 나 자신이며, 나의 내부에서 반응을 보이지 않으면 영향이 없는 것이다. 모든 외부적인 조건은 항상 마음이 변하도록, 마음이 흔들리도록 영향을 주어 왔는바, 받아들이는 측에서 이를 유효 적절히 이용함으로써 맞바람으로도 앞으로 나아갈 수 있는 지혜가 있어야 하느니라.

　수련에 절대적인 방법은 없다. 절대적인 방법일수록 허가 있어 그 허를 채우지 못하는 경우가 있으니 항상 상대적인 자세로 부족한 부분을 채울 필요가 있다. 유연하게 수련에 임하고 항상 느긋하게 상황을 바라볼 수 있도록 하라. 여유를 갖는 한 기회는 있다.

알겠습니다.

　　금생의 일은 금생에 마무리 지어야 한다. 전생의 모든 업까지도 금생에 마무리 지어야 하는데 금생의 일을 금생에 마무리 짓지 못한대서야 어찌 수련이 되겠느냐?

알겠습니다.

여유를가져라

항상 여유를 가지고 수련에 임하라. 여유가 있는 한 기회는 있다. 매사를 여유 없이 생각하므로 마음이 성급해져 기회가 없고 시간이 지금 당장인 것으로 보이나, 한 발자국만 물러서면 언제 어디서고 눈에 뜨이는 것이 기회일 수 있는 것이니라.

기회는 항상 있다. 다만 잡을 수 있는 인간의 마음이 몇 번밖에 없는 것이다. 한 보 물러서면 한 보가 남고 두 발자국 물러서면 두 발자국 남으니 오히려 더욱 세게 달려와서 부딪쳐 볼 수 있는 것이다.

여유는 자신을 재창조할 수 있는 근원이다. 여유가 없으면 항상 그대로이나 여유로 인하여 자신의 확인과 재점검이 가능하게 되는 것이다. 한 발 물러서서 생각해 보아라. 수련의 길은 멀다.

이 먼 길을 속히 가려는 마음 자체가 이미 수련을 그르치고 있는 것이다. 어찌 몇 년 몇 달 만에 끝이 나올 수 있길 기대한단 말이냐? 더 연구해 보아라. 성급함이 있는 한 어렵다. 그 어려움이 사라진 후에야 참수련의 길에 들 수 있을 것이니라.

알겠습니다.
 모든 일에서 성급함을 버려라.

그리하도록 하겠습니다.
 가능하다.

가라앉는 호흡

 나를 허하게 하는 것은 자신이다. 자신이 허하므로 허한 것처럼 느껴지는 것이며, 자신이 허하지 않으면 허하게 느낄 수가 없다. 허하다 함은 무엇인가 마음에서 부족함을 느끼는 것으로서, 채워지지 않는 무엇이 있을 때 오는 것이다.

 이 부족한 것이 어떤 것이냐에 따라 호흡법이 약간 다른바, 감정적인 것일수록 호흡을 길게 하려고 의식적으로 노력하다 보면 가라앉게 되며, 다른 부분은 보통의 호흡으로 가하다.

 인간계의 수련은 감정적으로 98%까지 가라앉을 수 있으면 거의 다 갔다고 할 수 있으며, 거기까지에 절반이, 나머지 2%에 절반이 소요될 것이다.

 가라앉는 비율에 정비례하여 우주의 이치가 들여다보이게 되는 것이니, 항상 기가 떠서 머리로 오르지 않도록 단전에서 잡아둘 필요가 있다.

 단전에서 기가 뜨는 양이 많을수록 허함을 느끼게 될 것이니라.

허하지 않으면 채울 일이 없다.

알겠습니다.
    모든 것은 기이다. 기로 조화되면 모두 되게 되어 있다.

선인仙人이란

인간에게 수련이 꼭 필요하기는 한 것인지요?

필요하다. 인간은 그 자체가 아직 미완성품인지라 완성을 향해 나아가는 노력이 필요하다. 육체적으로나 정신적으로나 미완의 상태인지라 그 완성을 위한 노력이 지속적으로 요구되는바, 어떤 면에서이든 완성으로 가기 위해서는 우선 기적인 조화가 필요한 것이다.

이 기적인 조화가 이루어지면 그 자체가 곧 완성이 되는 것이니, 기는 영의 조화, 곧 성의 조화까지도 표현해내는 까닭이다. 아주 미묘한 변화까지도 기적으로는 표현이 되며 이 기적인 변화가 일절 없어야 완벽한 선인이 된다.

인간으로 있는 것과 선인이 되는 것은 많은 차이가 있다. 우선 선인은 필요한 것이 없다.

있다면 우주에 필요한 것이 선인을 통해 나타나는 것일 뿐이다. 인간이 덜어내려 노력하는 것은 그로써 선인과 한 치라도 가까워지려 노력하는 것일 뿐이다.

알겠습니다.
　　누구에게든 기대할 것이 없다. 오직 나뿐이니라.

각자覺者의 서열이 높은 이유

항상 모든 것은 준비되어 있는 상태이다. 인간이 거두기를 거부하거나 거두어들일 준비가 안 되어 있을 뿐이지 우주는 모든 것을 받아들일 준비가 되어 있는 것이다. 우주의 품엔 없는 것이 없다. 그러나 본래의 우주에는 깨우친 자만이 진입할 수가 있는 것이다.

깨친 자의 반열은 우주 최상의 부서이다. 선행을 한 것보다, 근면한 것보다 깨친 자의 서열이 높은 이유는 눈이 열려 모든 것을 안다는 데 있다. 알아야 행이 가하며 깨치고 나면 악행이 불가한 까닭이다.

심의 위치가 중앙에서 약간 우측에 위치하여 항상 우주를 위해 존재한다. 도의 길에서 가장 중요한 것은 깨침이다. 깨침이란 우주의 작용법, 즉 자연 현상에 대한 앎이다.

언제나 우주의 운용은 자연 법칙을 통해 나타나게 되어 있으므로 자연 현상을 깨치고 나면 우주를 알게 되는 것이다.

호흡으로 밀면 깨치는 법이 보인다. 지속적으로 호흡으로 밀어라.

알겠습니다.

근면은 도를 위한 근면이어야 한다.

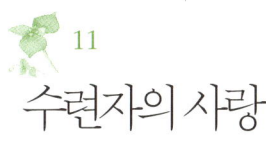

11
수련자의 사랑

수련에서 사랑이란 무엇인지요?

　사랑이란 인간이 살아가는 근본 가치이다. 사랑으로 태어나 사랑으로 살아가며 사랑을 하다가 떠나게 된다. 수련자는 이 사랑에 점차 폭을 넓힘으로써 온화한 기질로 변화하게 되며, 이 온화한 기질 속에서 넓고 부드러운 사랑이 배어 나오게 된다.

　향과 모습은 있으되 끌어당기는 힘이 강하지 않은 반면, 속의 사랑은 향이 없고 끌어당기는 힘만 강한 면이 있다. 우주에서 필요한 사랑은 모든 면에서 맑아 빛이 될 수 있는 사랑이다.

　이 빛이라 함은 따뜻함이며 온화함이다. 이런 온화함 속의 강인함이 이끌어 가는 사랑이 참사랑이라고 할 수 있는 것이다. 사랑은 우주이다. 색이 없는 사랑일수록 우주에 가깝고 유색애일수록 속에 가까우니, 인간은 무-유-무의 단계로 가게 되며 유색의 단계에서 끝내게 되면 부족함이 많아 다음 단계를 보지 못하는 경우가 대부분이다.

무색애는 구름 위에서 내려다보는 것과 같아 비, 바람, 천둥, 번개도 없이 항상 동일한 상태인 것이니라. 알겠느냐?

알겠습니다.

12
사제지간의 도리

수련에서 사제지간의 도리는 무엇인지요?

　　믿음이다. 수련 방법은 경우에 따라 잘못 전달될 수도 있으나 그것은 시정이 가능하다. 수련 진도에 관한 부분도 수정이 가능하며 방향도 정정이 가능하다. 모든 가능함은 믿음에서 나온다.

　허나 믿음이 상실된 상태에서는 어떤 방법도 사용이 불가하며 사용해 봤자 받아들이는 입장에서 선별하므로 그 효과는 역으로 날 수도 있는 것이다. 분별이 필요 없다 함은 이런 경우에 믿음으로 따라가면 결국 끝까지 갈 수 있는 때문이요, 믿음이 사라질 시점에서는 특히 수련을 중지함이 마땅하다.

　긴가민가하는 수련은 수련의 퇴보이며 더 그런 상태로 있다가는 수련을 하지 않은 상태보다 폐허가 될 수도 있다. 시작도 안 한 상태보다 더 못한 경우가 되어 버리는 까닭이다. 수련은 믿음으로 따라야 한다.

인간의 도리

인간의 도리란 어떤 것인지요?

믿음이다. 일단 자성을 본 후에는 믿어야 한다. 자성의 인도는 빗나가는 일이 없다. 자성을 보기 전에는 스승을 믿어야 하며 스승을 보기 전에는 진정한 도반을 믿어야 한다. 믿음이 없는 관계는 의사의 이동 방향이 배제된 관계로서 사막과 같다.

믿음이란 상대방을 완전히 이해하고 상대를 의식 없이 받아들이는 힘이다. 이 믿음이 있을 때 인간은 최고의 힘을 발휘할 수 있다. 믿음은 무엇이든 할 수 있는 힘이다. 믿음이 있는 한 불가한 것이 있을 수 없으며 불가했다면 믿음이 부족했을 뿐인 것이다.

믿음은 천지창조의 원동력이다. 천지는 원래 의심이 없도록 창조되어, 자연 현상은 인간을 속이지 않도록 되어 있다. 의심은 인간의 마음속에 내재하는 것으로서 믿음을 깨므로 발전을 방해하는 요소 중의 하나이다.

도반을 믿고 스승을 믿고 자성을 믿어라. 믿음은, 참된 믿음은 자신을 구할 수 있는 힘인 것이니라.

알겠습니다.
    믿음으로 깰 수 있는 범위는 의외로 넓다.

14 운명이란

무릇 인간의 일이란 항시 예정되어 있는 것처럼 보이는 것이나, 예정된 부분은 항시 30%를 넘지 않는 것이며, 40%는 본인이 가고자 하는 방향이니 이 70%가 운명이라 하는 것이며, 본인이 바꿀 수 있는 부분이 30%이니 이것이 변수로 작용한다.

30%는 불변이며 40%는 중간이고 30%는 변할 수 있는 것이니, 본인이 바꿀 수 있는 부분은 총 70%에 달한다고 할 수 있는 것이니라. 발전적인 개선의 효과는 수련에 정진한 사람일수록 크다고 할 수 있는바, 자신의 통제가 가능하면 70%까지 변화가 가능하다.

정해진 부분은 타고나기 전부터의 조건이니 타고난 다음의 조건은 모두 가하다는 것이다.

즉, 30%는 출생 전의 조건이요, 40%는 출생 후 지정된 조건이요, 30%는 본인에게 달린 조건이다.

보통 마지막 30%만이 가능한 것으로 믿으나 중간의 40%도 가하므로 노력하기에 따라 전체적인 면에서 변화가 있을 수 있는 것이다. 자신을 가져라.

알겠습니다.

    자신을 가져도 좋다.

감사합니다.

· · · · · ·
항상 여유를 가지고 수련에 임하라. 여유가 있는 한
　　　기회는 있다. 매사를 여유 없이 생각하므로 마음이 성급해져
기회가 없고 시간이 지금 당장인 것으로 보이나,
　　　한 발자국만 물러서면 언제 어디서고 눈에 뜨이는 것이
　　　　　기회일 수 있는 것이니라.

15
부동不動은 단전에서 나와

　수련이란 매사가 안정적이어야 한다. 안정적이라 함은 흔들림이 없다는 것이다. 흔들림은 수련생에게 가장 큰 적이다. 흔들림으로 인하여 모든 목표가 이탈하며, 모든 과정이 힘겨워지고, 수련을 중도에서 포기하기도 한다.
　수련은 본인을 반석 위에 올려놓음으로 인하여 그로부터 모든 것을 쌓아 올라갈 수 있도록 함에 그 근본이 있다.
　높이 쌓기 위하여는 기초가 튼튼하여야 하듯이 수련의 성과를 거두기 위하여는 마음이 흔들리지 않도록 함에 그 근본을 두어야 한다.
　어떠한 경우에 닥쳐서도 내가 움직이지 않으면 모두 움직이지 않음을 명심하고 흔들리지 않도록 유념하라. 부동은 단전에서 나온다. 단전이 허하지 않을 때 부동이 가하며, 부동이 가하고 나서야 이치가 보이게 된다.
　부동의 '감感'은 그것만으로 이미 기초의 완벽을 뜻한다고 볼 수 있는 것이니라. 호흡으로 부동을 흡수하도록 해라. 아직은 약간의 동이 있느니라.

알겠습니다.

    호흡을 더욱 고르게 천천히 하도록 하여라.

그리하도록 하겠습니다.

16 집기 集氣

자신을 알아라. 자신을 분석해라. 원래 나의 능력과 현재 내가 발휘할 수 있는 능력은 다르다.

현재 내가 발휘할 수 있는 능력은 의외로 적을 수도 있으나 반드시 필요한 부분으로 힘을 모은다면 가능하기도 하다.

가능성은 집기의 정도에 따라 변한다. 집기는 '한마음으로 돌파할 수 있는 힘이 모이는 것'이니, 자신이 정한 목표를 위해 강하게 밀어붙일 수 있는 정당한 이유가 있다면 집기는 쉽게 할 수 있다.

집기의 조건은 정당한 목표이다. 정당한 목표인 이상 파워의 결집은 가하다. 자신 앞에 놓인 전부가 가능하나, 그 중에서 하나를 선택하여 강하게 밀어붙임으로써 내 것이 되도록 해야 한다.

이미 모든 것이 내 것일 수 있으나 현세에서 내 것으로 만드는 것은 또 다른 면이 있다. 현세에서 소유에 대한 욕심이 없이 어떤 사명의 수단으로서 소지하는 것은 많을수록 좋다. 힘이 들더라도 사명의 수단으로서 확보하라.

법

모든 사항에 대하여 판단을 유보할 것을 요한다. 법이라고 생각되면 따라라. 그것이 왜 법인지는 차후 밝혀진다. 법은 그것이 법이 된 이유가 있으며 그것이 실행되어야 할 이유가 있다. 법은 진리이며 도덕이며 우리가 지켜야 할 규범인 것이다.

매사는 법에 의해 움직인다. 법은 우주를 움직이는 근본 힘이며 원동력이며 또한 결과이기도 한 것이다. 법에 의한 세상은 오차가 없다. 법은 측정 도구이며 결과에 대한 판단 기준이기도 하다.

법은 우주이며 '참나'이며 스승이고 부모이며 동지이기도 한 것이다. 법이 있는 세상, 즉 법계에 들면 매사를 움직이는 원인을 알게 된다. 법계는 부처의 계인 것이니, 법의 의미를 이해하고 따르도록 하여라. 이제부터 법에 대한 공부니라.

알겠습니다.

단斷

세상에 바라는 바가 없어야 한다. 세상은 그 자체로서 가동되는 것이며 내게 무엇을 해주기 위해 존재하는 것이 아니다. 세상은 존재하는 것으로 그 가치를 다하는 것이며 주고받는 것은 인간의 일인 것이다.

수련은 나의 것을 버림과 동시에 이 세상으로부터 받을 것도 포기함에 그 의의가 있다. 모든 인연을 끊는다 함은 나에게로 들어오고 나에게서 나가는 모든 것을 정리한다는 뜻이니, 나의 내부에 있는 것을 정리하는 것과 외부에 있는 것을 정리함으로써 모든 것과의 인연을 정리하여 홀로 설 수 있도록 함에 그 의의가 있다.

홀로 서는 순간 모든 것은 내 것이 되는 것이니, 그 과정에서 맛보아야 하는 것은 전체일 수 있으나, 익히면 되는 방법은 한 가지인즉 '단斷'인 것이다.

자연스럽게 마음으로부터 정리되도록 할 것을 요한다. 모든 것이 마음에서 정리됨으로 인하여 내 곁에 더욱 가까이 와있을 것이다. 모든 것을 받아들이는 것은 모든 것을 놓은 후에 가능하다. 모두 놓아라.

알겠습니다.

도

　도란 절대 멀리 있는 것이 아니다. 내 손에, 내 안에, 내 옆에 있는 것이며 보는 눈이 열리기만 하면 모두 내 것인 것이니라. 모든 이들이 그렇게 구하려고 해도 구하지 못하였던 것은, 안으로 안으로 들어가야 구해지는 도를 밖으로 밖으로 추구했기 때문이며, 지속적으로 추구해야 하는 것을 단속적으로 추구해 왔기 때문이다.
　도의 길은 나에게 있으며 밖에서 일어난 듯 보이는 모든 것들 역시 나에게서 일어나는 것이고, 그 과정과 결과 역시 나에게 있는 것이다. 이 나에게 있는 것을 깨닫는 과정이 도이며, 나에게 있음을 알면 그로부터 새로운 사유가 시작되어 진리로 다가서는 것이지, 나를 떠난 진리가 새로이 있는 것이 아니다.
　언제나 모든 것은 나로 말미암아 있으며, 내가 없으면 없는 것이고 나를 중심으로 변화를 거듭한다. 내 의식이 바뀌면 바뀌는 것이고, 내가 바뀌지 않으면 바뀌지 않는 것이며, 내가 깨치면 깨치는 것이다. 모든 것을 단순히 생각하면 쉽게 보인다. 단순하게 생각하라.

마음대로 하라

　항상 하늘의 일은 치우침이 없다. 치우친 듯해도 치우친 것이 아니요, 부족한 듯해도 부족한 것이 아니며, 남는 듯해도 남는 것이 아닌 것이다. 매일의 결과는 항상 그대로 진척되게 되어 있으며, 무엇인가 획기적인 느낌으로 오기를 바라는 경우에는 그 느낌이 없을 수도 있으나, 언제나 상태는 진전이 되어 가고 있는 것이다.

　수련과 실생활에서의 조화점은 마음속에서 찾아야 한다. 폭이 넓을수록 마음공부에 도움이 되는 것이며, 폭이 좁아도 역시 마음공부는 되는 것이다. 나의 일에 대하여 책임이 끝나면 나의 몫은 다한 것이 된다. 상대방이 지는 빚은 상대방의 몫이다.

　수련은 극한 인내로 짐을 벗자는 데 있는 것이지, 편한 방법으로 대충 넘기는 데 그 목적이 있지 않다. 편하게 하는 방법은 이미 속俗에 그 방법이 개발되어 있는 것이며 마음대로가 아닌 기분대로 하면 되는 것이다.

　수련자는 기분을 통제함으로써 마음을 따라가야 한다. 알겠느냐?

21
자기 자신을 속이지 말아라

수련이란 자기 자신을 속이지 않는 데서 시작되어야 한다. 스스로 기만함은 지속적인 갈등의 연속으로서 자신을 만나는 일이 점점 더 멀어질 뿐인 것이다.

이제껏 자신을 속여 왔던 것들은 자신과의 만남을 위해서는 덜어내야 하는 부분들이다. 자신을 속인다 함은 본성의 측면에서 파악해야 한다. 대도大道에서 보아 큰 길이 아닌 곳으로 가고자 하는 움직임인 것이다.

모든 것은 자성自性이 원하는 방향으로 이끌 때 스스로 기만함과 부딪혀 갈등이 생기게 되어 있다. 자성은 무갈등을 원하는바, 그 무갈등은 대도에 입문하였을 때 나타나게 되어 있다.

우리는 평소 갈등에서 나오기 위해 지속적으로 가라앉히고 자신과 불일치를 이루는 부분에 대하여 확인하며 점검하고 제거를 하여 나갈 필요가 있다. 자신과의 만남이 운명이듯 자신과의 일치도 운명이다.

이미 그 길로 지정되어 왔으므로 거리낌 없이 그 길로 나아가야 하는 것이니라. 조건에 구애받지 말고 수련으로 열어라.

그리하도록 하겠습니다.

수련의 요체

 수련의 요체는 서두르지 않는 것이다. 서두르지 않음에서 시작되는 것은 의외로 많으나 특히 수련의 경우는 그 정도가 더하다. 서두르지 않음으로 얻어지는 이익은 또한 상당히 많다.
 서두름과 수련은 반대의 위치에 자리한 것이며 수련이 있음으로 인하여 인간은 서두름에서 한 발자국 물러서서 자신을 살펴볼 수 있는 것이다. 수련자의 첫 번째 마음가짐은 서두르지 않는 것이다.
 이 서두르지 않음은 그 마음만으로 자신의 상당 부분을 채워줄 것이다. 자성에로의 접근은 이 서두르지 않음을 통하여 이루어진다. 인간의 욕망은 끊임없이 서두름을 요하나 서두름의 배제는 참으로 자신이 원하는 방향을 알게 해줄 것이다.
 서두름에서 배제될 수 있는 자신을 만드는 것은 수련의 기초가 확고함을 나타내주는 것이다. 수련은 서두르지 않음에서 시작이요, 그 과정에서 모두 내 것이 되는 것이다. 알겠느냐?

23
나와의 인연

　이 세상의 모든 사람들이 하나같이 원하는 바가 있으니 바로 견성이다. 허나 본인이 이것을 원하고 있는지를 아는 데까지만도 수천 인연을 거쳐서 알아지게 되며, 알아진 후에도 또 수천 인연을 거쳐 견성에 다가가는 것이니, 인연이란 꼭 밖에 있는 것뿐이 아니요, 내 안에 있는 것과의 만남도 인연인 것이다.
　오히려 내 안의 나와의 인연이 더욱 소중하며 가꾸어야 하는 것이고, 밖의 모든 것들 역시 모두 나의 간접 형상인바, 내부의 나에 비하면 그 영향이 표면적인 것이다. 참나와의 견성은 절대 그냥 오지 않는다.
　피눈물 나는 고행의 끝에 자신을 발견하게 되며, 자신을 발견한 후 참공부가 시작되는 것이니, 참공부의 시작은 참나와의 동화 과정이니라. 나와의 만남 사이에 가장 방해가 되는 것 역시 나이니, 어떤 '나'가 도움이 되고 어떤 '나'가 방해가 되는 것인지는 스스로 호흡 속에서 분별해 보면 나타나는 것이니라. 버려야 할 나를 간직하고 있는 것은 없느냐?

있사옵니다.
　　어찌 하겠느냐?

버리도록 하겠습니다.
　　버려야 할 나 중 분별해 보도록 하여라.

그리하도록 하겠습니다.

24 서두름

사람은 누구나 원하는 바가 있다. 원하는 바에 대하여는 이럴 수도 있고 저럴 수도 있으나 항상 확실한 것은 서두르지 않아야 한다는 것이다. 일단 수련에 깊이 든 이상, 모든 것은 시험이며 이 시험에 들어 서두른다면 모든 결과는 생각보다 늦추어지게 되어 있다.

서두름이란 그 자체가 혼선이므로 수련자에게 가장 바람직스럽지 않은 것 중의 하나이다. 일을 빨리 처리하고자 하는 것과 서두르는 것은 마음이 바쁜 경우와 그렇지 않은 경우로 구분되어 차등이 있는 것이다.

마음이 바쁘지 않은 상태하에서 일을 속히 하고자 하는 것은 받아들여질 여지가 있으나, 마음이 바빠 서두르는 것은 받아들여지지 않는다. 항상 마음은 자신이 하고 있는 일의 한 발자국 뒤에 서야 하는 것이다. 무엇이든 서두르지 않는 상태로 갈 수 있도록 자신을 다독이며 가도록 하라.

마음이 바빠지는 것은 어째서인지요?

　　호흡이 얕아서이다. 호흡이 얕으면 마음이 바빠지게 되어 있느니라. 호흡을 깊게 깊게 하도록 하라.

알겠습니다.

자신自信을 가져라

　자신自信을 많이 잃은 상태에서는 될 일도 안 된다. 자신은 상황이 어려울 때 필요한 것이다. 상황이 어렵지 않게 돌아갈 때는 자신을 가질 필요가 없다. 자신이 없이도 잘 이루어지기 때문이다. 상황이 어려울 때일수록 자신을 가지고 임해야 하느니라.
　자기가 자신이 없는데 남이 어찌 그것을 자신 있게 내놓았다고 보아 주겠느냐? 자신은 이 세상 모든 것의 근본인 것이다. 자신이 있고서야 모두 이루어질 것이다. 다만 자신을 가질 수 있도록 노력할 것을 요한다.
　마음이 가라앉은 후 해야 할 일은 노력하는 일이다. 수련이 따로 있고 생활이 따로 있는 것이 아닌 상태하에서는, 노력, 곧 호흡과 생활에 대한 노력만이 모든 것을 구해줄 것이니라. 자신을 가지고 노력을 해라. 된다.

그렇게 하겠습니다.

26
마음이 편해야

수련이란 마음이 편하고자 하는 것이다. 결코 몸이 편하고자 하는 것이 아니다. 몸은 수련으로 인하여 더욱 고되게 되어 있다. 몸이 고됨 또한 수련인 것이다. 수련으로 인하여 어느 한 부분이 편하고자 하는 것은 다른 부분의 불편을 불러오는 것이므로 결코 바람직스럽지 않다.

수련은 몸과 마음이 힘겨운 가운데 편함을 느끼자는 것이지 근본적으로 안일함에 빠지려는 것이 아닌 것이다. 원래 이승은 고해이다. 편함은 어디에도 없는 것이다. 편함은 내 안에서 찾아지는 것이며 내 밖의 어느 곳에서도 찾을 수 없는 것이다.

항상 찾아 나서야 할 대상을 물색지 말고 내 안에서 모두 찾아라. 내 안에서 식별하는 방법은 호흡이다. 마음이 불안정할수록 내 안에서 찾아야 한다. 내 안에 모두 있다.

번뇌의 계속은 어찌 되는지요?

본인의 탓이다. 본인의 업이다. 본인이 해결해야 할 과제이니라.

…….

번뇌란 수련에 따라오는 것이다. 번뇌를 피하려는 것 역시 수련자의 자세는 아닌 것이다.

알겠습니다.

27
수련은 자기 확인

　사람이 태어나서 할 수 있는 일에는 한계가 있다. 모두 잘할 수는 없는 것이며, 자신이 특단의 노력을 한 부분이 두각을 나타낼 수 있는 부분인 것이다. 이 특단의 노력은 수련에서 나타나야 하며 수련 속에서 자신의 길을 찾아야 한다.
　수련이 진전되면 자신의 길은 저절로 찾아지게 되어 있다. 수련에 대한 확신이 없으면 길은 찾아지지 않는 것이다. 수련은 자기 확인이다. 자신에 대한 확인으로 모든 것을 가능케 하는 것이다.
　자기에 대한 확인이 없는 한 모든 것은 이루어지기가 힘들다. 본인만이 모든 것을 가능하게 한다. 상황에 따라 되기도 하고 안 되기도 하는 것으로 비치는 것은 본인의 마음이 상황에 따라 흔들리기 때문이다.
　확신의 근거는 자신의 내부에서 찾아야 한다. 자신의 내부에서 찾을 때까지 선생은 영적인 도움을 줄 수 있을 뿐이다. 자신의 내부에서 찾는 것은 자기에 대한 확신 속에서 가하다. 자기 자신의 확신의 근거를 찾아라. 호흡 속에서 가하다.

알겠습니다.

    항상 힘은 나에게서 나온다. 힘의 근원은 나이며 나로 인해 내가 유지된다. 나를 유지해주는 근본은 나이며 내가 있어 금생의 존재 가치가 있는 것이다. 내가 없으면 모든 것은 소용없다.

  내가 있음으로 인하여 우주도, 천지도, 음양도 필요한 것이며, 내가 없으면 이 모든 것이 필요 없게 되는 까닭이다. '나' 란 우주 최상의 가치이며 우주 유일의 가치인 것이다.

  모든 것은 나로 인해 존재하며 나로 인해 그 가치를 찾는다. 내가 없는 세상은 존재 가치가 없으며 내가 없는 세상은 생명의 이유도 없다. 나는 나일 뿐이며 내 안에 나만으로 전부 채워질 수 있을 때 참나의 발견이 이루어진다.

  나는 나만이 발견 가능하며, 나만이 채울 수 있고, 나만이 소유할 수 있는 것이다. 나는 나로 인하여서만이 깨우칠 수 있다.

알겠습니다.

기회의 포착

 모든 것은 정해진 대로 가고 있는 것이다. 정해진 대로 가고 있으므로 오차가 없다. 수련으로 본인이 노력하고 있으면 노력하고 있는 대로 바뀌어 지정되는 것이다. 지정되는 것은 본인의 노력으로 가하나 지정된 후에 가는 길은 바뀌지 않는다.
 항상 기회는 본인의 노력의 최고 위치에서 포착이 되는 것이며, 포착된 이후는 단계가 바뀌게 된다. 기회의 포착이 예정된 것은 아니며 본인의 노력으로 포착이 되는 것이다. 항상 마음이 가라앉도록 노력한다면 기회의 포착은 빠를 수 있다.
 역학易學이 불확실한 부분이 있는 것은 인간의 의지로 인한 변수의 독파가 불확실하기 때문이다. 수련은 변수를 유발하나 유발된 결과대로 진행된다.
 인간의 의지는 수련의 결과일 때 진정한 것이며 그 '파워'가 뒷받침이 되는 것이지, 수련으로 뒷받침이 되지 않을 때는 오래 가지 못하는 수가 있다. 수련으로 파워를 뒷받침하라.

알겠습니다.
　　수련의 파워는 모든 것을 가능케 해줄 것이다.

29
하늘이 요구하는 인간

하늘이 요구하는 인간은 자아가 확립된 인간이다. 자아가 확립됨으로 인하여 독립이 가하고 독립이 가함으로 인하여 모든 것의 독자적인 처리가 가하다.

독립 이후 선생과의 교류는 있어도 종전의 예에서 벗어난다. 종속적인 관계가 아닌 대등 관계에서 서로를 바라볼 수 있게 되는 것이다.

사제지간이긴 하나 지식에서만 서로 도움을 주고받을 뿐 여타 면에서는 독립적인 관계를 유지하는 것이다. 대등하다 함은 상하 관계까지 부정되는 것은 아니며 다만 인격의 대등함인 것이다.

동일한 하나의 개체로 설 수 있게 되면, 모든 것의 처리 방법이 '나' 중심으로 달라진다. 나의 기준에 의해 처리하게 되는 것이다. 나의 판단으로 처리하되 그 기준이 명확하여 흐트러짐이 없다.

수련에서 독립하여 하나의 개체를 이루는 것은 전체적인 수련 기간을 통틀어 최대의 고비이다. 이 때 느끼는 감感은 생사간을 오가는 느낌으로 오기도 할 것이니라.

알겠습니다.

30 기상이변

최근('94년 7월)의 기상은 어찌 된 것인지요?

마음의 변화이다. 국민의 마음은 천지에 영향을 미쳐 그 영향으로 천계의 기구에도 움직임이 있는바, 그런 영향으로 기상의 변화가 일어나게 되는 것이다. 각 개개인의 마음이 결집된 형태는 그 자체가 결코 가벼이 볼 수 없는 것으로서, 이것을 잘 파악하여 유도함으로써 모든 것을 평온히 이끌 수 있다.

평온히 이끈다 함은 오행이 지속적인 균형을 이룰 수 있도록 한다는 것인데 목화토금수가 균형을 이룬 곳이 지상 낙원인 것이다. 국민들의 감정에 화가 많으면 하늘이 비를 내리려 해도 내릴 방법이 없다.

비란 특히 모든 것이 조화된 상태에서 가능한 것인데, 조화가 되기만 하면 당연히 오게 되어 있는 것이다. 현재 상태에서는 수기水氣를 끌어다 붙일 만큼 화火가 약한 상태가 아니므로, 가져다주어도 곧 증발해 버리고 남지 않는다. 허나 공중에 있는 수기도 만만찮으므로 머지않아 내리기는 할 것이다.

국민의 마음은 함부로 다치게 하는 것이 아니다. 국가에 변란이 있을 때 흉작이 드는 것은 이를 증명하는 것이니라. 인간의 힘으로 비를 가하게 하는 것은 방법이 있긴 있으나 시행할 사람이 없다.

비란 마냥 불가한 것도 아닌 까닭이다. 공중에서 '화'와 '수'의 충돌은 양측에서 강한 쪽이 이기게 되어 있는바, 현재는 '화'가 강하다. 쉽게 방법이 나오지는 않을 것이다. 세계적인 기상 이변은 모든 것이 불확실해 보이는 탓이다.

인간이 자신의 능력의 범위를 넘어 변화를 가속화시키고 있으므로, 변화의 방향을 잃고 있는 경우가 있는 것이다. 인류의 마음이 차분하지 않으면 기상 이변은 계속 나타나게 되어 있다. 겸손과 인내로써 견디어 나갈 때 모든 것이 해결될 것이다.

비는 온다. 오게 되어 있다. 다만 소신으로 강하게 자국自國을 이끌어 오행五行의 조화를 이끌어 내는 것이 가장 빠른 길이다. 이럴 때일수록 마음을 편히 가지고 노력하라. 모든 것이 마음에서 조화를 이룰 때 조화되게 되어 있느니라.

알겠습니다.

궁금할 것 없다. 모두 인간의 일이니라.

31 나는 절대 가치

항상 모든 변화는 나로 말미암아 시작된다. 나는 우주이며 하늘이며 땅인 것이다.

남녀를 불문하고 나는 전부이며 또한 버려야 할 대상이기도 한 것이다. 나를 제외한 어떤 것도 소용없으며 나를 제외한 어떤 것도 진정 값어치 있는 것은 없다.

나는 절대이며 모두인 것이다. 모든 것은 나를 위해 존재한다. 나에게는 갖추어지지 않은 것이 없으며 부족한 것이 없고 나의 어떤 부분도 내가 채우지 못할 곳이 없다. 나는 나인 것이다.

천지도 나로부터 시작되었으며 우주도 나로 인해 끝난다. 나의 완성이 우주의 완성이며 나의 미완은 우주의 미완인 것이다.

나는 나이다. 어떤 가치도 내가 아니면 소용없으며, 나에게 소용되지 않으면 가치가 아닌 것이다.

나의 중요함을 알라.

나의 가치를 알고 나를 위해 모든 것을 행하라. 나는 절대의 가치인 것이다.

알겠습니다.
    나를 빼면 아무것도 없느니라.

32
나를 찾은 후 수련

이 세상에 나 없이 구해지는 것은 없다. 모두 내가 있으므로 가능한 것이요, 내가 있으므로 얻을 수 있는 것이다. 나는 우주의 시작이자 끝이니 나를 빼놓고 수련의 어떤 부분을 논한다는 것은 어불성설이다.

내가 있어 모든 것이 존재하며, 내가 있어 스승이 있고, 내가 있어 발전이 있으며, 내가 있고 난 연후에 그 어떤 것도 의미가 있다.

나는 지상 최고의 가치이며 추구해야 할 절대적 이상이다. 나를 찾은 후의 수련과 나를 찾기 전의 수련은 근본이 다르다.

나를 찾기 전의 수련은 나를 찾기 위한 수련일 뿐이며, 참수련은 나를 찾은 후 시작되는 것이다.

독립은 절대의 과제이다. 독립은 힘드나 하지 않으면 안 되는, 반드시 필요한 단계인 것이다.

독립에는 희생이 따른다. 하지만 그 희생은 후에 몇 배의 보람으로 돌아올 것이다. 알겠느냐?

알겠습니다.

    나를 찾아라.

그리하도록 하겠습니다.

나의 화신

수련 과정에서 부딪치는 것들은 모두 나의 화신이다. 스승도, 때로 나타나는 각종 물건이나 동물들도 모두 나의 것이다. 나의 내부에 숨어 있다 수련 시 나타나는 것들이며 모두 나의 속에 있던 것이다.

나의 내부에 정제된 것으로만 가득 채우는 것이 수련이며, 이 수련이 종료됨으로 인하여 나의 내부는 수정 같은(사리 같은) 우주 물질로 가득 채워지게 된다.

나의 마음이 정제된 물질로 채워지고 나면 나 자신이 주변을 정화시킬 수 있는 힘을 가진다. 이 정화력은 얼마나 자신을 맑게 가꾸었느냐에 따라 그 역량이 달라진다.

인간은 수련으로 자신을 단련할 필요가 있다. 수련으로 단련하여 맑은 자신을 가질 필요가 있다.

나의 맑음은 스승의 맑음이며, 나의 맑음은 제자의 맑음이고, 나의 맑음은 우주의 맑음이니, 어찌 맑지 않으려 하겠는가?

맑음은 모든 것을 해결할 수 있는 가장 손쉬운 방법인 것이다.

알겠습니다.

맑음만이 모든 것을 구할 수 있느니라.

인간의 변수

　인간의 일은 항상 변수가 있다. 신의 일은 변수가 없다. 이 변수는 인간의 발전 가능성이다. 인간은 운명조차도 바꿀 수 있는 힘이 있는데, 이 변수로 인하여 가능한 것이다. 변수의 활용 여하에 따라 인간의 능력은 무궁하게 발전이 가능하다.

　인간은 노력하는 만큼 거두고 그 이상을 획득할 수도 있으며 어떤 결과가 나오느냐에 대한 모든 것들이 이 변수에 따라 결정된다. 변수는 노력하는 인간들에게 무서운 힘으로 발휘되어 왔다.

　변수의 활용 기술은 수련에 든 사람들에게 반드시 필요한 것이며, 일반적으로 잠재력이라고 불리우기도 하는바, 이 잠재력의 크기조차도 자신이 결정할 수 있다는 것이다.

　노력은 무한한 범위의 포용이 가능하며 인간 발전의 원동력이다. 노력으로 자신의 변수를 확대시키고 개발하도록 하라.

알겠습니다.

　　변수는 온 우주이다.

35 호흡과 정신의 일치

앞으로의 수련은 어떻게 해야 하겠느냐?
　　계속 정진해야 할 것 같사옵니다.

어떻게 정진하겠느냐?
　　자신을 강화하는 쪽으로 나아가야 할 것 같습니다.

어떻게 강화하겠느냐?
　　수련으로 강화하겠습니다.

어떻게 수련을 하겠느냐?
　　호흡으로 하겠습니다.

이제 호흡과 정신을 일치시켜야 한다. 호흡과 마음이 하나가 되어야 한다. 마음이 흔들리지 않음으로써 호흡이 고르게 되는 순서로 해야 하느니라. 마음은 내 것이므로 마음이 흔들리지 않는 것이 중요하다.

호흡이 가라앉아 있다가도 마음이 흔들리면 호흡이 거칠어지는 것이니, 마음을 가라앉혀 '파워'가 나올 수 있도록 하라. 파워는 마음에서 나온다. 마음은 나 자신이다.

나 자신의 강화는 마음에서 나온다. 마음이 가라앉을 수 있는 환경을 조성하라. 마음이 정위치에 있어야 수련이 가능하다. 마음을 잡아라.

알겠습니다.

마음을 잡고 수련에 들라.

36
마음은 천지 만물

　항상 마음자리를 바로 놓아야 한다. 마음이 바로 놓임에 따라 모든 것이 정위치하는 것이니, 마음을 바로 놓는 데 우선 주력함이 좋다. 본인의 마음자리는 우선 본인이다.
　본인의 행동 중 부조화스러운 면이 없는지 살펴보고, 그 부조화스러운 면을 제거한 후 찾아들어 가야 한다.
　내 마음에서 모든 것이 출발한다. 내 마음으로 모든 것이 귀속되며 어느 과정, 어느 단계의 결과도 모두 내 마음에 근거한다.
　마음은 스스로 천지 만물인 것이니, 그것에서 모든 우주의 진리가 시작되는 것이다. 마음에서 번뇌를 없애는 것이 해탈이다. 고요한 마음으로 세상과 우주를 바라보아 관(觀:사물을 꿰뚫어 봄)이 가능한 것이 바로 해탈이다.
　번뇌를 없애면 해탈이 가능하다. 해탈은 그 자체로서 작은 우주의 형성인 것이다.

알겠습니다.

마음을 가라앉혀 관觀을 터득하라.

그리하도록 하겠습니다.

37
자신의 자리에 있어야

마음이 안정되어 있지 않으면 작은 일에도 금방 불안해지기 쉽다. 마음이 안정될수록 태산 같은 일에도 움직임이 없이 사태를 정확히 파악할 수 있게 되는 것이며, 해결 방법을 모색함도 가능케 되는 것이다.

마음자리가 바로 놓인다 함은 자기가 있어야 할 자리에 있는 것으로서, 속俗의 기준으로 보아 자기 자리가 금생에 있어 자신의 자리인 것이다. 금생의 자신의 자리에 충실함은 내생(해탈, 출생 등 금생 이후의 모든 것)의 자신의 직분에 보임하는 기준이 되는 것이다.

자신의 자리에 있으면 점차 힘이 강하게 솟아 나오게 되어 있으나, 마음자리를 벗어나면 허공에서 디디려고 하는 것과 같아 힘이 날 수가 없는 것이다. 자신의 자리, 금생의 자신의 자리에 충실하라.

금생에서 자신에게 주어지는 모든 것들이 모두 자신의 자리에서만 정확히 받아넘길 수 있는 것들인 것이다.

알겠습니다.

자신의 자리에서 벗어나면 수련도 소용이 없느니라.

38
포기하라

　인간의 감정은 본인의 것이면서 본인을 휘감아 떨어뜨리기도 하고, 본인과 함께 놀기도 하고, 본인의 생명을 단축시키기도 한다. 이 감정은 긍정적으로 사용할 때 수련에 상당한 영향을 미치는바, 언제나 기분이 좋은 상태를 유지하는 것이 그것이다.
　항상 기분이 좋은 상태를 유지하기 위하여는, 기분이 별로 좋지 않은 일에 관한 생각을 버리는 방법이 있다.
　구함으로써 내 것이 되지 않은 부분은 포기함으로써 내 것으로 만들 수 있다.
　포기하면 그 순간 사라진 것 같아도 이미 내 안에 들어와 있음을 알게 되는 것이며, 이 포기하는 것이야말로 수련생에게 가장 긍정적인 영향을 끼치는 감정의 부분인 것이다.
　자신이 이룩한 모든 것에 대한 평가는 포기해 봄으로써 그 진가를 다시 확인받을 수 있다.
　포기는 인간이 가진 가장 값진 감정 처리 방법 중의 하나이니라.

다만 인간들이 이에 익숙지 않아 받아들임이 어려울 것이다.

알겠습니다.

버려라. 모두 버려라.

매사가 기회

 언제나 모든 것에는 기회가 있다. 해도 기회에 하지 않으면 안 한 것이니, 하려면 기회에 해야 제 효과가 나는 것이다. 모든 것은 다 때가 있고 그 때란 지속적으로 오나, 내가 택할 수 있는 기회는 일생에 한 번뿐일 수 있는 것이다.
 수련자에게 수련의 인연은 그 한 번 오는 인연으로서, 이 인연이 있고 나면 그 후의 모든 인연은 이 속에 포함되게 된다.
 인연의 포함은 수련으로 다른 인연까지 조절이 가능하게 됨을 뜻하는 것으로서, 마음에 따라 모든 것이 가능하게 되기도 하고 모든 것이 불가하게 되기도 하는 것을 말하는 것이다.
 기회는 쉽게 오는 것이 아니며 수련에 들면 수련의 힘으로 깨고 나가야 한다는 뜻이니, 참수련에 들면 겁나는 바가 없어 모든 것이 가능해지기도 한다.
 기회란 우주의 '스케줄'로서, 수련이 깊지 않은 사람은 역학에 의존함이 좋으나, 수련이 깊은 사람은 수련으로 받아들여 긍정적으로 소화함으로써 그 시기를 놓치지 않는 안목을 길러야 한다. 수련이 깊으면 매사가 기회이니라.

알겠습니다.

단순함이 근본

사람은 항상 원하는 바가 있다. 이 원하는 바를 이루었을 때 누구나 자신이 가고 싶은 쪽으로 갈 수 있다. 설령 이루지 못했을 때라도 나머지 부분을 자신이 채움으로써 미련 없이 갈 수 있기도 하다.

모든 것은 단순한 것 같아도 복잡한 것이며, 복잡한 것 같아도 단순한 것이니라. 본질을 보면 단순하기 그지없는 것이요, 본질을 보지 못하면 복잡하기 이를 데 없는 것이다.

인간이 본질을 보면 자신이 원하는 쪽으로 갈 수 있으나, 본질을 보지 못하면 모든 것이 복잡하게 보이므로 자신이 원하는 쪽으로 가지 못하는 수가 많다.

본질은 본인의 마음이다. 본인의 마음이 그렇게 나타나는 것이며 본인의 마음이 그렇게 형상화됨으로 인하여 물질계를 이루게 된다.

언제나 물은 심의 표현이며 심은 물의 표현이니 매사를 단순히 생각하여 원하는 바를 이룸에 어긋남이 없도록 하라.

알겠습니다.

    매사는 단순함이 근본이니라.

힘과 짐

　인간에게는 하늘의 뜻에 의해 미리 정해진 길이 있다. 이 길은 역학으로 풀어지는 오행의 원리에 내재되어 있기도 하고, 인간의 관상이나 수상 등에 표시되어 있기도 하다.

　이런 모든 징조들을 유용하게 이용하기 위하여 미리 알아두는 것이 나쁠 것은 없으나, 과도하게 의식하여 넘어가는 일은 없어야 한다. 인간은 본인의 심지가 약하면 타에 기대어 생활을 해보려 하는 경우가 있는바, 타에의 종속적인 삶은 수련자에게는 극히 금기시되는 것이나, 서로 독립된 상태에서 도움을 주고받는 것은 이와는 다르다.

　독립된 인격체 간의 정情의 교류는 힘으로 나타나나, 의지하는 대상은 짐이 될 뿐인 것이다. 생각은 한 조각 차이로 상대에게 짐이 되기도 하고 힘이 되기도 하는바, 수련생은 서로 힘이 되도록 노력해야 한다.

　힘은 마음이다. 마음에서 힘이 되면 힘이 되는 것이다. 사소한 방향의 차이가 정반대의 결과를 불러오는 경우도 있으니만큼, 모든 생각을 긍정적으로 하도록 해라.

알겠습니다.

　모든 것을 긍정적으로 해야 하느니라.

견딘다는 것

　항상 모든 것은 기대한 만큼의 실망이 있다. 인간은 모든 것을 자신 위주로 해결하려 하나 어찌 우주의 일정이 인간이 원하는 대로 이루어질 수 있겠느냐? 수련으로 그릇이 커질수록 다가오는 모든 것들도 만만찮을 것이다.
　견딘다는 것은 심적인 탈출구를 찾는 과정 중의 하나이다. 이루어짐은 때가 있는 것이니 성급히 때가 오지 않음을 탓하는 일이 없도록 하라.

알겠습니다.

　　몸을 풀어라. 어떤 종류의 긴장으로 묶어 놓지 말아라. 긴장은 필요하되 풀어놓는 것은 더욱 필요하다. 긴장에서의 탈출은 보다 탄력성 있는 구동력을 가져다 줄 것이니라. 긴장에서 해방되라. 호흡으로 가능하다.

자신自信을 가져라

 모든 것이 마음에서 비롯된다. 마음에서 시작하여 마음에서 끝나니 그 과정도 마음에 있는 까닭이다. 자신自身을 지지해주는 세력은 자신自身이며 그 자신自身을 지지해주는 것은 자신自信이다.

 자신自信이 있는 한 모든 것은 가능하다. 자신自信이 없을 때는 호흡으로 들라. 호흡은 모든 것을 찾아주는 수단이자 방법이다. 호흡으로 자신을 가라앉히고 다시 호흡 속에서 돌아보면 자신의 부족했던 점이 나타날 것이니, 그 때 그 부분을 보충하면 될 것이다.

 자신自信은 모든 것을 성취할 수 있는 힘이다. 자신으로 밀어붙이면 불가능이 없다.

 이 자신自信은 자신自身에게서 나오는 것이 가장 바람직하며 그 외의 어떤 것으로도 완벽한 충족은 불가하다.

 모든 일에 앞서 가장 중요한 것은 자신自身이 자신自信을 찾는 일이다. 자신自信을 찾는 길 역시 자신自身에게 있느니라. 호흡으로 들라.

알겠습니다.

    매사는 자신自身이 자신自信을 가지고 대했을 때 길이 보이는 것이니라. 길이 보이는 것은 호흡이 정상적으로 되고 있음을 말해 주는 것이니라.

알겠습니다.

평범한 것이 어렵다

　매사가 순탄하게 진전되지는 않는다. 순탄치 않음이 모여 순탄해지는 것이다.
　항상 평범하기를 바라는 것은 뛰어나기를 바라는 것보다 더 어려운 것이듯, 어떤 일이 항상 잘 되기를 바라는 것은 항상 안 되기를 바라는 것만큼이나 어려운 것이다.
　언제나 자신에게 삶의 중심을 두고 행동한다면 모든 것은 돌아오게 되어 있으나, 기준이 타에 있다면 돌아오지 않을 것이다. 인간의 삶은 굴곡이 있다. 급상승은 급하강을 낳는 것이니, 그저 완만한 커브를 그리는 삶이 가장 바람직한 것이니라.
　언제나 노력한 만큼 오는 것이니 세상을 얕잡아 보면 반드시 그 배로 갚아주는 까닭이다. 복잡한 듯싶어도 단순하고 단순한 듯싶어도 복잡한 것은 알고 모르고의 차이이다.
　편안한 마음으로 고요히 세상을 바라보아 실수가 없도록 하라. 세상은 만만찮다. 현재의 수준에서 만만할 수 있는 일은 없다. 작은 일은 가하나 큰일은 만만할 수 없는 것이다. 명심토록 해라.

알겠습니다.
    절대 쉽지 않다. 깊이 생각 후 처신해라.

마음에는 없는 것이 없다

저력은 마음에서 나오고 마음은 주변 상황에서 영향을 받는다. 주변 상황은 나에게서 영향을 받으니 모든 것이 나로 인한 것이다. 마음에서 해결 방법을 찾으면 모두 찾게 되어 있다.

마음은 없는 것이 없으며, 마음에서 평온의 불씨를 찾으면 평온이 커지고, 마음에서 불안의 불씨를 찾으면 불안이 커지게 되어 있다. 마음에서 일용할 양식을 찾으면 양식이 나오며, 마음에서 하늘을 구하면 하늘이 나오는 것이다. 전지전능하고 무소불위의 힘은 모두 마음에 달린 것이니 마음으로 구해본다면 구해지지 않는 것이 없는 것이다. 어떤 것의 원인도, 결과도 모두 마음에서 나온다는 것을 안다면 수련은 중반을 넘었다고 할 수 있을 것이니라. 항상 모든 것의 뿌리를 내 마음에서 찾도록 하여라.

알겠습니다.

이미 모두 갖추어져 있느니라. 찾아 쓰면 되느니라.

참도는 언제나 내 손 안에 있으나 그것을 발견하여
　　내 것으로 소화하기까지 무수한 난관을 극복하여야 하는 것이다.
이 난관들은 모두 내가 깨지는 아픔이다. 나의 깨짐은 조각조각
　　떨어져 나가는 자신이며, 깨지고 부서짐으로
　　　　없어지는 나는 온 우주가 되는 것이다.

마음먹은 바를 오래 간직해야

　한 번 마음먹으면 변함이 없어야 한다. 인간이 작정하기도 쉽지 않거니와 한 번 작정을 하면 그 뿌리가 깊어 흔들림이 없어야 한다. 자주 작정을 하면서 어떤 일을 도모한다면, 마치 뿌리가 뻗지 않은 나무에서 열매가 맺기를 기대하는 것과 같아, 생각대로 결과가 나오지 않는 것이다.

　옮겨 심은 나무가 상당한 시간이 걸려야 깊이 뿌리 내리듯 작정은 오래 하고, 마음먹은 바를 깊이 간직해야 결실이 나오는 것이다.

　매사는 인간의 마음먹은 대로 간다. 인간의 마음은 산酸과 같아 바위도, 쇠도 녹일 수 있으며, 치밀한 운명의 그물을 헤치고 어떤 출구를 발견할 수도 있는 것이다.

　인간의 마음은 그 자체가 불가능이 없다는 것에 중요함이 있다. 그 자체의 확률만으로도 적어도 인간계의 일은 거의 가능한 것이다.

인간의 마음은 의외로 강하다. 보통의 인간이 생각하는 마음에 비하면 상당히 강한 것이다.

알겠습니다.

마음을 단단히 잡아야 가능하다.

47
정확해라

마음이 바쁘면 모두 바쁘다. 마음이 한가로우면 모두 한가롭다. 한가로운 가운데 여유가 생긴다. 여유는 모든 것을 정확히 관찰할 수 있는 힘이다. 여유는 모든 것을 정확히 실행할 수 있는 힘이다.

모든 것을 정확히 관찰하고 실행할 수 있을 때 정확한 결과가 나온다. 정확한 결과는 다음 과정에 대한 정확한 출발의 기반이다. 매사는 정확에 기반을 두어야 하며, 정확에 기반이 두어지지 않으면 금방 흔들려 오래가기가 어렵다.

항상 정확히 모든 것을 처리하는 버릇을 들여야 한다. 정확은 매사의 근본이다. 오차가 없는 정확함만이 모든 일을 그르치지 않고 바로 가게 해줄 것이다. 정확으로 매사에 임하라.

알겠습니다.

정확만이 모든 것을 구해줄 것이다.

세 번의 기회

인간은 하늘을 속이려 해도 하늘은 인간을 속이지 않는다. 하늘은 항상 정확하며 항상 바른 길로 가고 항상 정해진 대로 가고 있다. 모든 것은 이미 결정된 일인 것 같으나 인간은 자신이 인간임으로 인하여 변수가 있는 것이다.

이 변수는 인간을 키우기도 하고 주저앉히기도 한다. 키울 수 있는 힘이 작용할 때는 다소 무리를 하더라도 용납이 가능하나 그렇지 않을 때는 무리가 용납되지 않는다.

무리는 그것이 뒷받침되는 경우는 일생에 세 번 정도가 있는바, 이 세 번의 경우를 본인이 알면 사용이 가능한 것이요, 본인이 모르면 전부 그대로 흘러가 버리기도 한다.

모두 그대로 보냄이 하하품이요, 한 번 잡으면 하품, 두 번이 중품, 세 번이 상품, 세 번 이상이 상상품이다.

기회는 본인이 알며 항상 준비하지 않으면 잡을 수 없는 것이고, 하늘이 그 사람을 구하기 위해 사다리를 내려주신 것이라고 생각하면 된다. 기회는 준비하고 노리는 자만이 잡을 수 있느니라.

알겠습니다.

수련 중의 도움

자기 자신을 위해 어떤 일을 함에 인색지 말 것을 요한다. 우선은 자신이다. 내가 서고 남이 있다. 나 이외에 누구도 남이며 나의 희생은 내가 서고 난 후 그 진가가 나온다.

내가 서지 못하면 둘 다 서지 못하는 것이요, 내가 선 후에는 둘 다 설 수 있는 것이다. 모든 도움은 내가 있고 난 후 그 효력이 있는 것이다. 그 효력은 모두에게 긍정적이어야 한다.

내가 없는 도움은 상대방이 받아도 결코 큰 도움이 되지 못한다. 내가 서기 위해 오히려 상대의 도움까지도 필요한 경우가 수련 중인 상태이다. 수련 중에는 우선 내가 서기 위하여 상대에게 대단히 필요치 않은 부분에 대하여는 도움을 받는 것이 가하다.

그 도움이 실질적으로 사용될 수 있는 요소에 사용되도록 본인이 효율적으로 이용할 것을 요한다. 가급적 받지 않는 것이 좋으나 꼭 필요하면 하늘도 돕는다.

자신이 자신을 돕는 것이 가장 좋고, 하늘이 자신을 돕는 것이

둘째이며, 남이 자신을 돕는 것이 셋째이다. 스스로 해결해 나가는 방법을 배워라.

알겠습니다.

　우선 나이니라.

업적은 우주의 일

항상 마음자리가 굳으면 흔들릴 이유가 없다. 마음자리는 호흡으로 굳힌다.

마음자리는 한 번 정리되면 다시 흔들리기가 힘드나 한 번 정리되기가 어렵다. 언제나 다시 솟아날 번뇌의 씨앗이 상존하는 고로 불씨를 안고 있기 때문이다.

마음자리의 정리는 도 공부의 단계가 상당한 위치에 올랐을 때 가능한 것이기는 하나, 평소 이에 대한 준비 작용으로 작은 부분에서 하나하나 정리가 되어 들어간다. 이 정리된 부분에 대하여는 재고가 필요치 않다.

사람의 마음은 그 자신이기도 하나 한편 우주로서, 일정 대帶의 파장에 익숙하면 다시 번잡한 파장이 맞지 않게 된다. 가라앉아 편해진 상태에서 업적이 나온다. 업적은 본인의 일이기보다 하늘의 일이며 우주의 일이다.

업적을 남긴다는 생각으로 임하지 않아야 업적이 나올 것이다.

어떤 부분에서는 기회를 충분히 활용하고 도약을 위한 준비를 해 두도록 해라. 도약 이후가 많은 일이 있는 것이니라. 도약까지는 준비 과정이다.

알겠습니다.

자신을 깨라

누구나 원하는 바가 있다. 이 원하는 바를 이루기 위해서는 인고의 세월이 따른다. 이 인고의 세월 동안 우리는 참된 수련으로 깨고 나갈 수 있어야 한다. 깨는 방법은 자신을 깨는 것이다.

자신을 깨면 모든 것을 깰 수 있으나 자신을 깨지 못하면 아무것도 깨지 못한다. 자신은 어느 것도 깰 수 있는 무기인 것이다. 자신을 극복하고 자신을 무기화하여 목표물을 정복하라.

자신은 가장 확실한 무기이며 가장 확실한 동지이기도 한 것이다. 타인의 어느 누구도 자신의 80~90% 이상 도움이 불가하다. 자신만이 자기의 일의 110~150%까지도 달성이 가능한 것이다.

자신을 깨라. 호흡으로 바꾸고 벗어져나가 스스로 탈태를 이룩해야 한다. 인간적인 부분은 사치에 불과하다. 수련은 자신과의 싸움인 것이다.

알겠습니다.

영靈의 호흡

호흡이다. 매사의 해답을 호흡 속에서 찾아라. 호흡에서 시작하고 호흡에서 끝을 맞이하는 인간은 모든 문제에 대한 해답도 호흡에서 찾아야 한다. 호흡은 인간이 능동적으로 사용하는 무기이자 수동적으로 이끌려가는 대상이다.

인간은 호흡으로 생존이 가능해 왔으며 앞으로도 호흡만이 모든 것을 가능케 해줄 것이다. 호흡은 인간이 우주의 본질에 가장 가까이 다가갈 수 있는 방법이기도 하다. 출생 이전의 상태의 확인 역시 호흡으로써 가능하다.

금생 이후의 상태 역시 호흡으로 가능한 것이다. 금생의 호흡은 육의 호흡이므로 영의 호흡을 익히면 전생과 금생, 내생의 모든 것을 알아낼 수 있다. 다만 이 알아낸 사실에 얽매이지 않을 것을 요한다. 지속적인 호흡으로 영성이 개발되면 모든 면에서 보람 있는 생활이 전개될 것이다.

정보는 호흡

　호흡하라. 호흡만이 모든 것을 가능케 해줄 것이다. 호흡만이 모든 것을 이룩할 수 있다. 말씀이 중요한 것이 아니고 호흡이 중요한 것이다. 호흡의 가치는 모든 것과의 소통이다. 어느 물(物)이고 호흡을 안 하는 것은 없다.

　이 호흡으로 어떤 물이나 영과도 통하는 방법을 삼을 수 있는 것이다. 정보의 교환은 서로 상대를 알아보는 길이다. 정보는 호흡이며 이 호흡으로 만물의 생성, 소멸의 과정을 알 수 있다.

　모든 것은 호흡에 기초하여 변화한다. 그 변화의 모든 것을 호흡이 가지고 있는 것이다. 호흡으로 열고 호흡으로 들어가고 호흡으로 마무리하라. 호흡은 인간이 가진 가장 큰 혜택이자 사용 가능한 무기이며 깨우침의 방법인 것이다. 호흡이 무서운 줄 알라.

알겠습니다.

입기入氣와 출기出氣

　매사가 호흡 한 번에 있다. 호흡 한 번에도 리듬이 있는 것이며, 모든 것의 생사는 그 리듬과 동일하다. 그 리듬이 있는 한 살아 있는 것이요, 그 리듬이 없으면 죽은 것이다. 살아 있는 한 가능성은 반반이다.

　인간의 생사는 그 자체가 긴 호흡의 한 토막이며, 평소의 호흡은 짧은 호흡의 한 토막이다. 따라서 출기出氣 때는 자신이 배운 것을 사용하고, 입기入氣 때는 지식을 습득한다. 정체 시에는 지식이 익는 시기이다.

　따라서 입기와 출기의 타이밍에 맞지 않는 행동은 그 자체가 두 배 이상의 힘이 드는 것이며, 그만큼 결과의 도출이 어렵다. 언제나 모든 것을 호흡의 기준에 맞추어 행하면 순리대로 풀려갈 수 있다.

　또한 순리대로는 아니면서도 본인이 원하는 방향으로 가기 위해서는 호흡의 방향을 필요한 만큼 바꾸는 방법이 있다. 의식으로 호흡을 바꾸면 한결 일을 하기가 쉽게 된다.

호흡의 방향을 바꾸어라. 날숨과 들숨의 비율을 조정하여 입식을 길게 하면 어떤 지식을 습득하기 쉬우며, 출식을 길게 하면 결과 도출이 쉬우니라. 호흡을 실생활에서 응용하라.

알겠습니다.

단전으로 판단하라

 매사가 호흡이라 함은 매사의 판단을 호흡 속에서 하라는 뜻이다. 호흡 속에서 판단하는 한 그르칠 염려가 없고 자신의 범위 내에서 가장 정확한 답이 나오는 것이다.
 이 경우 일상적으로 단전에 중심이 잡혀 있으면 어떤 판단도 거의 정확하며 궤도에서 벗어나지 않는다.
 궤도에서 벗어나지 않음은 항상 안정된 자세로 매사를 바라보게 되므로 도인의 첫 번째 정신 자세가 갖추어짐을 뜻한다. 도인은 매사를 냉정히 보고 사리에 의해 판단하므로 그 판단이 항상 정확하다.
 항상 호흡 속에 있다 함은, 머리로 생각하는 것이 아니고, 가슴으로 생각하고 단전으로 판단하여 어긋남이 없다는 것이다. 인간의 일은 모두 인간이 판단할 수 있는 것들이다.
 판단은 단전의 강화이며 확대이다. 자신의 의식이 우주(단전) 호흡화할 때 자신이 우주와 일치가 될 수 있는 것이다.

호흡만이 살 길이요, 도의 길이다.

알겠습니다.

호흡으로 들라. 호흡으로 가능하니라.

베푸는 것이 거두는 것

　모든 것은 생활의 방편이다. 모두 나를 위해 존재하며 모두 나의 수련에 유관하다. 언제나 모든 것들이 나의 수련에 관한 도움을 주기 위한 것임을 명심하여 소홀히 함이 없어야 한다.
　그들의 모든 것들은 내게 영향을 주며 나의 모든 것들이 그들에게 영향을 준다. 서로 편안한 영향을 주고받을 수 있을 때 긍정적인 영향으로 상호 보완이 가능하다.
　우주의 법칙은 극히 평범하며, 언제나 뿌린 것만큼 거두고 준 것만큼 받게 되어 있는바, '인과응보'라고도 한다. 생활의 모든 것과 수련의 모든 것이 이것에 기준을 맞추어 행하여지며, 많이 베푸는 것이 많이 거두는 방법임을 안다면 가능한 한 많이 베풀어야 함을 알 것이다.
　다만 시기적으로 출과 입의 필요 기간이 있으니 그것에 맞춘다면 결코 힘겹지 않은 생활이 될 것이다.
　호흡에 실어 가능한 한 많이 내보내라. 많이 비울수록 많이 들어

올 자리가 생길 것이니라.

알겠습니다.
    모두 호흡이다. 생활도 수련도 모두 호흡이니라.

여유는 힘

 매사는 항상 여유가 뒷받침되어야 한다. 여유가 뒷받침되지 않고는 잔력이 부족하여 먼 길을 가지 못한다. 여유가 있는 한 가능성은 있다. 그 가능성은 모든 것을 포함한다.
 여유가 없으면 판단이 흐려지므로 실수를 하기 쉬우나, 여유가 있으면 보다 정확한 판단이 가능하므로 실수를 없앨 수 있다. 여유는 만물을 생장시키는 힘이다.
 여유에서 창조가 나오고 발전이 나오며 여유에서 노력이 나오고 결과가 나왔다. 바쁠수록 문제점과 진로에 대한 확인을 게을리 하면 안 된다.
 어떤 일이고 선후는 있으나 이런 선후를 가리는 것조차도 여유에서 발생하고 있음을 알아야 한다.
 여유는 모든 가능성이요, 구원의 힘이다. 바쁠 때일수록, 급한 일일수록, 여유를 가지고 임하라. 방법은 있다.
 때를 앞당기는 방법은 여유 속에서 찾아질 수 있는 것이다.

알겠습니다.

　여유에서 매사의 답을 찾아라.

그리하도록 하겠습니다.

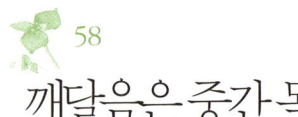

깨달음은 중간 목표

    수련으로 인하여 구해지는 것은 모두일 수 있다. 모든 것이 수련으로 인해 얻어지고 모든 것이 채워지나 가장 중요한 것은 최후에 채워질 것이다. 수련은 그 자체가 인고의 길이며, 강하게 추구하는 바가 없으면 결코 뚫고 나갈 수 없는 난관이 수없이 깔려 있는 험한 길이다.

    이 험한 길을 뚫고 나감에 있어 마음에 갈등이 없다면 배울 것도 없을 것이나, 마음에 수없는 갈등이 생성, 소멸됨으로 인하여 점차 깨달음에 다가가게 되는 것이다.

    매사는 모두 내 마음의 표현이다. 내 마음이 그렇게 나타나는 것이며, 남의 마음이 아닌 것이다. 모든 것은 나이며, 나이므로 나에게 영향을 미치고 조정되어, 나에게 적합한 형상으로 정착되는 것이다.

    수련의 길은 멀다. 그 먼 길을 어떤 목표물이 없는 상태에서 가려 함은 무리이며, 깨달음 역시 중간 목표이고, 그 중간 목표까지

가기 위한 다른 소목표는 본인도 모르게 의식지 못한 유인으로 작용할 것이다.

　어떤 일도 모두 '테스트'일 수 있으며, 테스트가 수련이고 생활이 수련이며 생활이 테스트이고 한 것이니, 특히 구분할 필요 없다.

알겠습니다.

59
나를 위해 살라

 나를 위해 산다는 것은 좋은 일이다. 나는 모든 것의 근본이며 어떤 희생도 나를 위한 대가로 돌아와야 한다. 의식하든 의식하지 않든 나는 나로서 존재하는 것이며 나를 위해 모든 것은 존재한다.
 모두 나이며 모두 우주이다. 모든 것은 하나이며 그 하나는 나이자 우주이다. 나는 모든 것을 가능케 하는 힘이며 모든 것을 이룰 수 있는 근본이다. 나는 천하에 하나뿐이요, 하늘에도 하나뿐이니, 나 외에는 없는 것이다.
 이런 나가 완성으로 가지 못한다는 것은 나에 대한 모독이다. 나에 대한 자신은 나를 키워낸다. 내가 크고 타인이 있는 것이며, 내가 확고히 서지 못하는 한 모두 극복해야 할 과제이다.
 사회적 지위나 기타 조건이 아닌 마음에서의 극복인 것이다. 항상 마음에 극복해야 할 과제가 있는 것, 그것은 아직 수련이 진행 중이라는 표시이니라.

실생활과 수련의 조화

수련과 실생활의 조화는 어느 선에서 이루어지는 것인지요?

아직 더 있어야 한다. 현재는 마음의 근본만으로 가는 것이며, 내 마음의 모든 것이 바뀌고 내 것이 될 때, 수련과 실생활은 조화를 이루게 된다. 실생활과 수련의 조화는 많은 사람들의 마음을 넉넉하게 하여 줌으로써 상당한 파워를 양산하게 될 것이다.

수련이란 어느 정도까지는 자기 자신을 위한 길이다. 중도에 나누어 주기는 너무나 몫이 한정되어 있는 길인 것이다. 자기완성에 다가가는 마지막 순간까지도 자신을 위한 투자일 뿐이다.

완성에 이르지 못한 상태에서 타에의 동정은 자신을 확실히 파악지 못한 미숙에서 나오는 오만일 뿐이다. 먼저 자신을 갈고 닦아라.

수련과 인간적인 면은 어찌 되는지요?

동일하다. 아직은 여유가 없다. 인간적인 면은 수련을 추구하지 않을 때 오히려 여유로울 수 있다. 수련의 길에 들면 완성 시까지는 더욱 마음이 바빠지는 것이며, 어느 정도의 단계를 넘었을 때야, 즉 자신을 돌아보아 본인에게 만족을 느낄 때야 인간적인 여유가 풍겨나올 수 있는 것이니라.

  다른 모든 것 안 하고 수련만으로도 바쁜 걸음이니라.

알겠습니다.

의지는 인내의 약

비워라. 모두 비워라. 너의 의지만 남겨 놓고 모두 비워라. 수련에 필요한 것은 의지 하나밖에 없다. 다른 모든 것은 불필요한 것이며 없어도 되는 것들이다. 오직 견딜 수 있는 힘, 그 하나만 필요한 것이다. 인내는 결국 입문을 허락할 것이다. 의지는 인내를 만들어 내는 약이다. 인간의 모든 것은 의지로써 가하다. 의지는 모두에게 모든 것을 가능케 한다. 운명을 넘어설 수 있는 힘을 줄 것이다. 그 힘이란 나의 완성이다.

내가 큼으로 인하여 운명이 테두리를 벗어나는 것이다. 대운은 금생의 기회요, 소운은 현재의 기회요, 순운瞬運은 이 모든 것을 만들어내는 요소이다. 수련은 이 순운을 조절한다.

무욕으로 순운을 받으면 벗어날 수 있다. 무욕으로 받으라.

알겠습니다.

　　무욕만이 가능케 할 것이다.

자만이 아닌 자신

　항상 마음을 편히 가져라. 편히 가지는 방법은 호흡이다. 도의 길은 입문 전에 세상의 극한 모든 것을 보게 되는바, 어떤 형태로든 오게 되어 있다. 허나 스승에 의해 오는 것이 가장 바람직스러운 것이며 가장 효과적인 것이다.
　매사에 시험 아닌 것이 없으나 시험인 줄 알면 이미 끝나 있는 것이다. 아직도 계속되고 있는 것은 답이 보이지 않기 때문인 것이다. 세상일의 근본은 편히 바라보아야 한다는 것이다.
　내가 그 속에 있지 않고 나와서 바라볼 수 있는 객관화된 시각이야말로, 모든 문제를 쉽게 해결하고 나갈 수 있는 가장 효과적인 방법이 되는 것이다.
　객관화에의 가장 순도 높은 방법은 자신을 가지는 것이다. 자신을 가지고 사태를 객관화시켰을 때 보다 더 정확한 답이 나온다. 모든 문제에는 반드시 답이 있다.
　가급적 최선의 답을 갖기 위해서는 자신을 가지고 임할 필요가 있느니라.

알겠습니다.
    자만이 아닌 자신이니라.

문학에서의 성취

문학에서 저는 앞으로 어찌 되는지요?

성공할 것이다. 그 집념으로 밀어붙이면 안 될 것이 없다. 상당한 '파워'와 노력으로 어떤 난관이든 뛰어넘을 수 있을 것이다.

성공은 멀지 않으며 모든 것은 가까이 있다. 본인이 마음먹으면 쉽게 취할 수 있는 곳에 있으니, 너무 멀리 생각지 말고 가까이에서 답을 찾아라.

큰 것일수록 작은 것에서 실마리를 잡아야 한다. 모든 것은 작은 것에서 출발하며 구체적으로 '체크 리스트'를 작성하여 쉽게 공략할 수 있는 부분을 집중적으로 두드려라.

문은 이미 열려 있다. 본인이 들어가지 않고 있는 형국이다. 작은 것에서 실마리를 찾아 계속 집중하여 공략하면 성공은 틀림없다. 이미 보장받은 운세이나 아직은 그 방면의 노력이 부족하였음이다.

답답하기는 할 것이나 되기는 될 것이다. 돼도 크게 성공할 것이다.

고맙습니다.
　　당연한 일이다. 고마워할 것 없다.

생각을 주의해라

　항상 보다 안정된 상태로 수련에 임할 수 있도록 하라. 마음이 가라앉아 있는 상태에 따라 모든 것이 달리 보일 수 있는 것이니 가라앉아 있는 상태에서 가장 바로 볼 수 있는 것이다.
　한 치의 오차는 한 발의 오차로도 될 수 있는 것이니, 가급적 바르게 가라앉은 상태에서 생각을 함으로써 정상적인 판단을 할 수 있는 것이다.
　인간의 생각은 그 자체로 발전의 동력이 되기도 하나 발전의 퇴보를 가져오기도 한다.
　모든 것이 생각 때문에 가능한 것이다. 생각을 주의해서 하는 버릇을 들이면, 작은 면에서도 점차 부정적인 면이 줄어들게 되므로, 마음에서 번뇌가 줄어들게 되어 있다.
　매일의 일과를 확인하고 걸리는 일을 하지 않도록 해라. 자신의 일은 자신이 가장 잘 알고 있는 것이니 자신의 일로 실수가 없도록 하라. 빛이 보인다.

감사합니다.

노력만이 모든 것을 가능하게 해준다.

65
호흡은 만법에 우선

　이승의 모든 것들이 두려울 것이 없다. 언제나 모든 것들은 가능한 것들이며 할 수 있는 것들이다. 영성의 개발은 이 모든 것들을 가능케 만든다.
　인간은 영과 육의 혼합체이므로 보다 많은 가능성을 가지고 존재하여 옴으로써 현금의 발달을 이룩하게 되었으나, 모든 것은 원래 있던 것들이며 현재의 모습 역시 모두 가능했던 것들이다.
　인간에게는 불가능이란 없다. 불가능처럼 보이는 것은 성급함 때문이다. 충분히 가능하며 가능한 것들뿐인 것이다. 이 모든 것을 가능케 하는 힘은 호흡이다. 호흡이 모든 조건을 나에게 유리하도록 이끌어 주는 것이며 그 조건을 변화시켜 수용할 수 있도록 하여 주는 것이다.
　모든 것이 내 것은 아니다. 하지만 내 것으로 만드는 힘 역시 호흡 속에 있다. 호흡은 만법에 우선한다. 호흡은 우주의 진리이며 영원한 법칙이다. 호흡이 없이 생존 가능한 것은 없다. 호흡이다.

호흡에서 찾아라.

알겠습니다.

    호흡이니라. 호흡밖에 없느니라.

힘의 결집은 조화로써 가능

항상 모든 것은 가까이 있다. 모두 손 내밀면 닿을 수 있는 곳에 있으며, 잡으면 잡힐 수 있는 곳에 있다.

문제는 '나의 힘의 결집'이다. 힘의 결집만 가능하면 모든 것은 다 내 것이 되도록 되어 있다. 이미 모든 조건은 성숙되었으며 다만 때만 남았을 뿐이다.

힘의 결집은 조화로써 가하다. 호흡으로 일체화시켜 조화를 이루어가면 금방 손을 내밀 수 있는 것이다. 모든 절차는 생략될 수 있고 모든 여건은 변화될 수 있다. 한 번의 힘으로 깨고 나면 연쇄적으로 열리는 것이 이 길이다. 한 번의 결집이 어려운 것이다.

마음을 하나로 묶어 돌파하고 나면 두 번 다시 돌아볼 수 없을 만큼 빠른 속도로 돌진해 나가게 될 것이다. 조건은 성숙되었고 준비는 완료되었다.

출정의 '파워 결집'만이 남아 있는 상태이다. 호흡이다. 호흡으로 마지막 하나까지 덜어내라. 호흡이니라.

알겠습니다.

　　호흡이니라.

중화를 이루는 방법

　호흡으로 들어온 기운을 불태운다. 남자는 자신의 체내에서 지속적으로 음기를 보존하고 여자는 자신의 체내에서 지속적으로 양기를 불태워 상승효과를 가져온다.
　우주에 존재하는 것은 존재하는 것이고 이것이 자신의 체내로 연결이 되어 들어오지 않으면 소용이 없게 되는바, 여자에게는 남자를 통하여, 남자는 우주에서 서로 기운을 보존시킬 수 있도록 되어 있는 것이다. **
　여자가 수련으로 성性에서 벗어나는 방법 역시 호흡이며, 이 호흡으로 자신의 내부에 있는 양기의 불씨를 지속적으로 살려 크게 키움으로써 자신이 본래 가지고 있던 음기와 체내에서 배양한 양기가 서로 상대가 될 때 중화가 이루어지며, 이 중화된 상태에서 체질적 기반 조성과 아울러 마음공부의 기본적 단계 완성이 끝난다.
　체내에서 키워야 한다. 자신의 내부에 불씨만 있으면 100배, 1,000배, 10,000배 이상으로 키워서 자신의 본래 기운과 상대시킬 수 있다. 남자도 내부에서 음기를 보존하여 동일한 결과 유발이 가하다. 여자는 5:5, 남자는 4(양):1(음)의 비율이면 가하다.

•• 여자는 음이므로 자체에서 양기 생성이 어려우나, 우주 기운은 양기이므로 우주 기운을 받으면 남자를 통하지 않고도 양기 생성이 가능합니다. 그렇지만 지구에서 만들어지는 기운인 지기地氣는 음기이므로 지기를 받는 수련은 양기 생성이 어려워 남자의 도움이 필요합니다. 남자의 도움이란 반드시 성적性的인 접촉이 아닌, 남자와 함께 수련하거나 생활하는 것을 말합니다.(저자)

호흡은 모든 것

사람이 일생을 보람 있게 살아가는 방법은 여러 가지가 있으나 호흡으로 보내는 시간이 길수록 보람이 클 것이다.

호흡은 천지자연의 이치를 밝히고 그 안에 동화된 나의 존재를 확인함으로써 천하와 우주와 내가 일체임을 밝혀 준다.

호흡은 융화이며 비축이며 확장이며 교류이니, 이것을 떠나서는 일방적인 관계는 되어도 쌍방적인 관계는 성립이 불가한 것이다. 도의 세계에서 일방적인 관계는 자아의 확인과는 무관하다.

도는 상호 존경할 만한 대상 속에서 서로의 위치와 교류의 가능성을 타진하고 확인하여 주고받음으로써 그 폭을 확장시켜 가는 것이니, 그 과정에서 다소 순서가 바뀌는 경우는 있어도 갖추어 나가는 과정은 똑같을 수밖에 없는 것이다.

조건은 변한다. 변할 수밖에 없는 것이 조건이며, 이 조건의 변화로 인하여 자신도 변화해 나가는 것이다.

자신의 변화는 조건의 변화가 수반되는 것이므로 우주의 발전에 긍정적인 역할이 가능케 되는 것이다.

알겠습니다.

    조건은 변화하는 것이니라.

69
도는 조정

원래 도란 버리는 것이라고 한다. 버리는 것이란 모두 나의 세계인 곳에서는 있을 수 없는 상념이며, 어느 정도를 넘고 나면 구함과 버림 역시 하나이지 둘이 아니다. 내게 필요한 것과 남에게 필요한 것의 조정, 이것이 도이며 이 과정에서 버림과 구함이 있는 것이다.

식물은 산소를 내보내고 동물은 이산화탄소를 내놓듯, 모든 것은 필요한 곳이 있고, 그곳을 찾아가는 것이 호흡이며, 이 과정에서 자연스레 정리 정돈이 되는 것이고, 이 정리 정돈의 방법이 바로 버림과 구함인 것이다.

버림과 구함이 뜻대로 되지 않는 경우란 버리는 것을 잡거나 구하는 것을 당겨 올 수 없는 경우이다. 모두 호흡이 약한 경우에 생기는 현상이며, 마음에서 기운이 붙은 경우에도 인간의 몸으로 있는 경우에는 몸에도 기운이 붙어야 하는 것이니, 반드시 영육의 호흡이 함께 이루어져야 한다.

따라서 마음에서 버릴 것과 구할 것, 몸에서 구할 것과 버릴 것이 함께 이루어지는 호흡이 진정한 호흡이 될 수 있는 것이니라.

알겠습니다.

도는 원래 존재하는 것이 아니다

　도의 길은 참된 도반이 있지 않으면 멀고 험하다. 허나 도반이 있으면 결코 먼 길도 아니며 힘든 길도 아닌 것이다. 힘들지 않아 힘들지 않은 것이 아니고 그것을 상쇄할 기쁨이 반드시 뒤에 따르므로 그 힘겨움은 결코 큰 비중이 되지 못하는 것이다.
　참도는 언제나 내 손 안에 있으나 그것을 발견하여 내 것으로 소화하기까지 무수한 난관을 극복하여야 하는 것이다. 이 난관들은 모두 내가 깨지는 아픔이다. 나의 깨짐은 조각조각 떨어져 나가는 자신이며, 깨지고 부서짐으로 없어지는 나는 온 우주가 되는 것이다.
　깨져 나간 만큼 나의 부분이 커지는 것이다. 도는 원래 존재하는 것이 아니다. 내 마음에서 생하여 점차 커지며 하나의 개체로 성장하는 것이며, 성장하여 후에 온 우주와 일체가 되는 것이다. 일체가 되면 하나가 된다.
　우주의 인류 중 수련이 가능한 종족은 수십만 종에 불과하다.

그 중 상근기가 되는 인종은 불과 몇 만 종이며 깨달음이 가능한 종족은 수천 종일 뿐이다. 인간은 깨달음이 가능한 영성을 부여받았다. 성인이 없는 별에 비하면 지구는 복 받은 별이라고 할 수 있느니라.

알겠습니다.

열심히 노력해라.

호흡에 감사해야

무릇 매사가 다 잘되지는 않는다. 잘되는 일이 있고 안 되는 일이 있는바, 이 모든 것들이 실은 같은 것이다. 안 되면 안 되는 대로 구할 것이 있으며, 되면 되는 대로 버릴 것이 있는 것이다.

된다고 해서 좋아할 것도, 안 된다고 해서 나빠할 것도 아닌 모두 똑같은 것이나, 판단의 기준이 자신의 욕망에 있음으로 인하여 호, 불호가 있는 것이다.

모든 일의 결과는 그 원인이 자신에게 있으며 그 어디에 있는 것도 아니다. 어떤 일이 제대로 되고 안 되고는 자신을 돌아보면 반드시 그 원인이 있음을 알게 되는 것이다.

이 모든 것을 다스리는 방법은 호흡밖에 없다. 호흡만이 모든 것을 평탄하게 만들어 기복이 없도록 할 수 있는 것이다. 평탄한 호흡에 실리면 못할 것이 없다.

호흡은 우주의 본질을 이루는 가장 중요한 요소이며 우주의 존재 가치인 것이다.

알겠습니다.

 인간은 호흡을 할 수 있음을 감사해야 한다.

그리하도록 하겠습니다.

 호흡에 감사하라.

항상 모든 일에 감사하라. 내게 이롭다고 좋은 것이 아니요,
내게 해롭다고 나쁜 일이 아니며, 억만 겁의 업장을 걷어 내기가
쉬운 일이 아니다. 큰 인물일수록 닥쳐오는 것은 고난에
가까우며 결코 행복스럽고 좋아 보이는 것은 아니다.

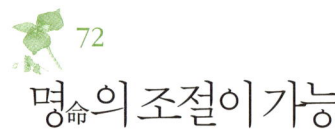

명命의 조절이 가능

　원래 깨달음은 번뇌 속에 있다. 번뇌의 한가운데 핵을 이루고 있는 것이 각覺이며 이 각의 한가운데 명命이 있다. 명에 접근하기 위해서는 각을 통과하여야 하며, 접근이 허락되기 위해서는 각을 득해야 한다.
　각은 평소 꾸준한 번뇌의 정리로써 가닥을 잡아야 하며, 모든 것이 얽히고설킨 상태에서 가닥이 잡히면 내다보는 데 지장이 없다. 큰 가닥은 정리되었으나 아직 작은 가닥이 조금 남아 있어 어지러운 점이 있다.
　생시에 득해야 할 것과 실해야 할 것은 수련과 무관하게 따로 있으나, 자신의 마음이 정리되지 않은 상태에서는 어떠한 득·실도 도움이 되지 않는 것이다.
　득이 도움이 되는 경우와 실이 도움이 되는 경우는 본인의 기준이 아닌 하늘의 기준에 따른다. 어떤 일에도 항상 하늘을 의식하면 실수가 없을 것이다.

알겠습니다. 명에 접근하면 무엇이 달라지는지요?

　네 '코스'에서의 탈출이다. 명의 조절이 가능하여지는 것이다.

알겠습니다.

일상日常의 계획

하루의 계획은 아침에 있고, 한 달의 계획은 월초에 있으며, 일년의 계획은 연초에 있다. 수련의 계획은 시작에 있고, 수련의 진전은 일과에 있다.

수련에 있어 챙겨야 할 사항은 자신의 마음이다. 자신의 마음을 거울에 비추어 보면 본인의 상태를 가장 잘 알 수 있는 것이다. 흔들림이 있으면 호흡이 부진한 것이요, 흔들림이 없으면 그런대로 되는 것이다.

현 단계에서 미동도 없기는 힘들다. 간단한 흔들림이 있을 것이나 그 흔들림은 견딜 만할 것이다. 가장 견디기 쉬운 것이 자신으로 인한 일이다. 남의 아픔보다 자신의 부분이 가장 소화하기 쉬우며 해결 방법도 있는 것이다.

자신의 부분을 확인하고 처리하는 데 전념하면 매사에서 해결 방법이 나온다. 수련은 일상과 연결되어 있되, 따로 나가는 것처럼 보이는 바가 있어 분리된 것으로 아나, 사실은 일상의 계획이 수련

계획인 것이다.

    하루하루를 확인하며 보내도록 하라.

알겠습니다.

    흔들림이 없어야 한다.

마음대로 할 수 있는 것

항상 모든 것이 내 수중에 있다. 다른 곳에 있는 것 같아도 내 손 안에 있는 것이며, 내 것인 것 같은 것은 물론 내 것인 것이다. 황당한 것 같으나 가만히 생각해 보면 그 이치를 깨닫게 될 것이다.

모든 것이 내 것 아닌 것이 없음은 내 것이라고 모두 내 마음대로 할 수 없는 것과 그 이치가 같다. 내 것이로되 내 마음대로 할 수 있는 것은 나 자신의 일부밖에 없으며, 내 것이라도 모두 내 마음대로는 되지 않는 것이다.

내 마음대로 할 수 있는 것은 내 마음의 일부이다. 즉, 내 기운의 일부일 뿐인 것이다. 나라고 내 마음대로 할 수 없으되 내 것임은 분명한 것이니, 이런 이치로 모두 내 것이되 내 마음대로 할 수 있는 부분이 다를 뿐인 것이다.

세상의 진리는 간단치 않다. 허나 복잡한 것도 아니며 생각하기에 따라 복잡하기도 하고 간단하기도 한 것이다. 그러나 근본을 이루는 원리는 출입이 단순한 것이니 그것이 바로 호흡인 것이다.

호흡에서 만사의 해법이 나오는 것이며, 만사의 해법이 나온 상태가 도가 통한 상태인 것이다.

알겠습니다.

75 수련은 작지도 크지도 않아

이미 모든 해법이 내 안에 있다. 속俗의 모든 것들과 선仙의 모든 것들을 풀어가는 방법은 물론 그에 필요한 기타 사항들까지도 모두 내 안에 있다.

하루하루의 목표를 어떻게 보내느냐에 관한 것도, 그에 대한 결과를 어떻게 처리하느냐에 관한 것도, 그로 인해 발생되는 결과의 예견까지도 모두 나의 수중에 있는 것이다.

하루하루 수련의 진척은 실로 무서운 바가 있다.

일견 별것 아닌 것 같아 보이는 매일의 수련이 경우에 따라서는 수천 년, 수만 년의 시간을 절약하는 경우도 있으며, 이런 날들의 연속으로 수련은 그 실체를 나타내는 것이다.

수련은 그 지속성이 중요한 것이며 그 지속성은 작은 것에서 온다. 아주 사소한 하나하나의 깨침이 모여 큰 결실을 이루며, 큰 결실은 또 작고 큰 결실을 불러오는 것으로서, 어떤 것에서도 배움을 얻는 것, 이것이 수련인 것이다.

수련을 크게 생각하면 크고 작게 생각하면 작은 것이나, 작게도 크게도 생각지 않으면 그 실체가 보일 것이다.

알겠습니다.

마음은 스승

 항상 마음에 지닌 바가 바르면 모든 것이 바르게 돌아가게 되어 있다. 마음은 나 자신이며 나를 이끌어 가는 스승이며 나의 수련에 영향을 받는 대상이기도 한 것이니, 마음을 놓치면 다 놓치고 마음을 얻으면 다 얻는 것이다.
 마음은 어디에도 미치지 않는 곳이 없으며, 마음이 전력으로 하고자 하면 되지 않는 것이 없고, 마음이 원하면 구해지지 않는 것이 없다. 성취되지 않고 구해지지 않는 것은 아직 마음이 덜 원하기 때문이며, 전적으로 구하려 든다면 구해지지 않는 일은 있을 수 없는 것이다.
 한 사람의 마음은 천 명, 만 명의 마음이며, 천 명, 만 명의 마음은 한 사람의 마음과 같다. 한 사람의 마음을 잡을 수 있으면 천 명, 만 명의 마음도 잡을 수 있을 것이요, 한 사람을 잡지 못하면 누구도 잡을 수 없는 것이다.
 다만 자신의 마음을 먼저 잡은 후에 그 누구든 타인의 마음을 잡을 수 있을 것이다. 자신의 마음을 잡지 못한 상태하에서는 타인의 마음은 잡을 수가 없는 것이니, 자신의 마음을 잡은 정도가 타인의 마음을 잡는 것으로 평가될 것이다.

알겠습니다.

작은 일 1

    항상 하찮은 일이 뒤에 걸리게 되는 것이다. 작은 일일수록 신경 써서 처리할 것을 요한다. 작다고 무심코 넘겼다가 생각지 않게 후에 엄청난 결과가 오는 수도 있는 것이니, 작은 일에 대하여 주의함으로써 큰일을 미연에 막을 수 있는 안목을 키워야 한다.
    허나 작은 일 중에도 작아서 작은 일이 있고 크지만 작아 보이는 일이 있는 것이니, 크지만 작아 보이는 일을 골라내는 안목이 또한 중요한 것이니라.
    일이란 그 나름의 중요성을 모두 가지고 있는 것이어서, 어떤 큰 흐름의 중간에 있는 부분은 그 자체만으로는 작은 것으로 표현될 수 있으니 잘 살펴야 할 필요가 있다.
    매사에 긍정적으로 임하여 즐겁게 받아들이되, 다만 사태를 보는 시각만은 정확히 유지함으로써 차질을 빚지 않도록 해야 할 것이다. 지금까지 거의 완벽하게 수련을 해왔다.
    이 이상은 인간의 능력으로는 어렵다고 할 것이다. 상향만 있었으며 하향은 없었으니, 많이 성공한 것이다. 앞으로는 더욱 챙기고 중요함을 알아 실失이 없도록 해라.

알겠습니다.

작은 일 2

 모든 것의 시작은 작고 사소한 것이다. 작고 사소한 것에서 시작하여 크고 대단한 것으로 발전하여 나가는 것이다. 작고 사소한 것이 대단한 줄 알면 크고 대단한 것은 더욱 대단하다.
 모든 인류의 시원이 정충 하나였듯이 도의 가르침은 아주 작은 손짓, 몸짓에서 우러나오는 것이니, 매사를 가볍게 생각지 말고 하나하나 챙겨 보도록 해라.
 도인은 도인의 행동이 있다. 모든 면에서의 여유로움, 어떤 것도 미리 알고 대처하므로 급한 것이 없는 것이다.
 허나 아직 모든 면에서 열려 있다가는 가야 할 곳을 찾지 못하므로 더욱 혼선이 올 것인지라, 일정한 면, 즉 수련으로 깨고 나갈 방향만 열려 있는 것이니, 답답하고 급한 면이 아직은 많이 보일 것이다.
 차분히 하나하나 깨쳐 나가며 습득토록 하면 되는 것이니 너무 서두를 필요 없다. 안 보이는 것은 그대로 수련에 지장이 없기 때문인 것이다. 또한 보이지 않음이 본인에게 도움이 되기 때문인 것이니 그런 점에 대하여 괘념치 않도록 하여라.

알겠습니다.

작은 일 3

매사는 작은 것에서 출발한다. 작은 것이 크게 되고 큰 것은 다시 작은 것으로 순환되는 것이 우주의 일이다. 따라서 큰 것을 얻기 위하여는 작은 것을 공략하고 작은 것을 얻기 위하여는 큰 것을 공략하는 것이 일의 순서이다.

모든 것을 어렵게 생각하면 한限이 없으나, 모든 것은 내 옆에 있는 것이고 내 안에 있는 것이므로 손만 넣으면 잡히는 자리에 있다. 다만 손을 넣는 지혜는 강력하고 꼼꼼하게 지속적인 파워로 밀어붙일 수 있을 것을 요한다.

이 지속적인 파워는 흔들리지 않는 데서 나온다. 흔들림이 있으면 아무리 강한 파워도 제 능력을 발휘할 수 없으나, 흔들림이 없으면 작은 힘이라도 제 능력을 발휘할 수 있는 것이다.

장기적인 목표는 원대하게 세우되 중, 단거리 목표는 확실하게 가능한 것을 세움으로써 반드시 성취해야 할 필요가 있다. 성취는 자신에 대한 자신이다.

자신은 만사를 가능케 하는 힘이다. 다시 한 번 현재의 위치를 돌아보고 마음을 다스려 흔들림이 없는 마음의 근본을 유지토록 하라.

알겠습니다.

인간이 위대한 것은 정성 때문

　모든 일의 결과에 대하여 궁금해 하지 말아라. 할 만큼 하면 좋은 결과가 나오게 되어 있다. 인간의 힘이 유한한데도 어떤 성과를 기대할 수 있음은 인간은 정성을 다할 수 있기 때문이다.
　정성은 그 어떤 무기보다도 하늘에 대해서는 강력한 힘을 발휘하는 것이다. 인간은 가장 복 받은 조건을 갖추고 있으며 그 복 받은 조건이란 마음을 갖고 있다는 것이다.
　그 마음으로 인하여 무한한 가능성, 즉 신의 경지에 도전이 가능한 것이다. 건방진 것도, 미련한 것도 아닌 사실 그대로, 인간은 신화神化의 가능성을 지녀왔고 신화神化에 성공해온 것이다.
　정성은 상상을 초월하는 힘이 있다. 그 힘을 우리는 인류 중에서의 위인들에게서 보고 있다(아직은 지구의 지식에 한하므로). 인간으로 태어남은 그 정성으로 인하여 이미 신화의 가능성을 부여받은 것이다.
　동물이나 식물은 모든 것에 대하여 인간보다 훨씬 정확히 알고 있지만 정성을 가지고 있지 못하다. 즉, 감각만 있고 생각이 없으므로 진화나 도약이 불가한 것이다. 정성이 중요하다.

알겠습니다.

　모든 것이 정성이다. 정성밖에 없느니라.

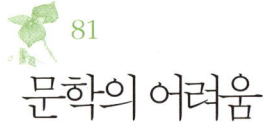

문학의 어려움

　때란 그리 쉽게 오는 것이 아니다. 오기를 기다리기보다는 나서서 획득하는 적극적인 방법이 있는 것이며, 이런 적극적인 방법이 더욱 효과가 있는 것이 인간의 일인 것이다.

　글은 평생의 일이 될 것이다. 가볍게 생각하여 시작하는 것보다 중복되게 상황을 겪어 보고 나서 보다 상세한 정보로 판단함이 도움이 될 것이다. 쉬운 길은 아니다. 쉽지는 않으나 그 보람은 클 것이다.

　다른 어떤 것으로 도를 펼 수 있다고 생각하느냐? 피눈물과 함께 펜 끝이 닳아지지 않으면 단기적으로 짧은 성공은 가해도 장기적으로 지속적인 성공은 어려울 것이다.

　대작이 없는 세상이다. 대작이 나오기도 힘들뿐더러 내려는 마음들이 없기도 하고, 나와도 잘 보지 않으니 그렇지만, 대작은 필요하다.

　대작은 각고의 고생 끝에 나오는 작품들인 것이다. 우선 생활이 급하면 달리 생각해 보되 어디 지금이 최악의 상황이더냐? 아직 욕심만인 부분도 있느니라.

알겠습니다.

    잘 생각해 보도록 해라.

물物 위주로 생각하면 고개가 꺾어진다

하늘은 인간의 일을 떠나 감사의 대상이다. 하늘이 있고 인간이 있는 것이지, 인간이 있고 하늘이 있는 것이 아니며, 하늘의 뜻이 반영되어 세상의 모든 것이 존재하고 발전해 왔기 때문이다.

인간의 일은 하늘의 뜻대로 매사가 진행되어 가고 있으며 하늘의 뜻이 곧 인간의 복이 아닌 경우도 있는 것이다. 인간 세상에서 편히 살고자 하면 수련을 안 하는 편이 낫다.

수련은 인간 세상의 각종 욕망으로부터 자신을 멀리 떼어 놓음으로써 하늘에 가까이 가는 것이니만큼, 사명을 다하기 위하여 하늘이 필요한 것들을 내려주는 경우 외에, 스스로 구하여 향유하려 함은 수련에서 역행되는 일인 것이며, 매사에 충실하면 저절로 이루어지게 되는 것 역시 하늘의 뜻인 것이다.

물物은 멀리할 것도, 가까이할 것도 아니며 다만 필요한 만큼만 있으면 족한 것으로서, 그 부담을 덜면 덜수록 가벼워지는 것이니라. 언제나 물物 위주로 생각하면 고개가 숙여져 있어 보일 것도 보이지 않게 되는 것이니, 항상 하늘을 우러러 합리화하지 않도록 해라.

그렇게 하도록 하겠습니다.

  필요한 것은 구해진다. 뜻한 바 있으면 구해지는 것이다. 구해지지 않음은 뜻이 부족한 것이며, 수련은 절대 모든 것을 구해주지는 않는다. 알겠느냐?

알겠습니다.

거듭되는 좌절

항상 어떤 일에는 순서가 있다. 그 순서는 때가 되었을 때, 이루어질 만큼 노력해야 된다는 것이다. 노력이 없이 이루어진 일은 결국 자신의 것이 되지 못하므로 통제 불능 상태가 되고 이 상태에 이르기 전에 그만두지 않으면 본인에게 해가 되는 결과가 발생된다.

완벽하게 자신의 것이 된 연후에 점차 움직이는 법을 배워야 한다. 세상은 만만히 보는 자에게는 결코 만만치 않으며, 상당한 준비로 미리미리 노력하며 치밀하게 부딪치는 자에게는 의외로 선선히 여유를 보여주기도 한다.

하늘이 넓어 마냥 열려 있는 것 같아도 빈손으로 나갈 구멍은 쉽지 않은 까닭이다. 노력한 만큼의 결과는 사람을 정확하게 만든다. 그 정확은 다시 또 다른 정확을 낳으므로 점차 자신을 스스로 반석 위에 올려놓게 되는 것이다.

작품에 대한 욕심만이 모든 것을 해결해 줄 것이다. 결코 쉽지 않은 까닭은 이것이 수련 중의 수련이란 점이다. 수련 따로 작품

따로가 아닌, 작품으로 수련을 하고 있다는 것이다. 좌절하는 것만큼 공부가 클 것이다. 알겠느냐?

알겠습니다.

정확에서 출발해야

매사는 정확에서 출발해야 한다. 정확에서 출발하지 않으면 차후 벌어지는 오차를 감당할 수 없다. 정확은 자신이 알고 있는 모든 지식을 총동원해 봐야 인간의 힘으로는 60%밖에 도달할 수 없다. 나머지 40%는 본성이 담당한다.

본성이 100% 밝아진 경우에는 어떤 일이든 확실히 알고 나갈 수 있으나, 그렇지 못한 경우는 그저 방향만 알 수 있을 뿐, 다른 일에 대하여는 실수가 중복될 것이다.

동일한 실수가 계속됨은 맑지 않은 부분이 있어서이며, 그 맑지 않은 부분은 욕심이 가리고 있어서이다. 수련은 수련대로 깨는 것이며 다른 것들은 필요 없는 까닭이다.

소각과 대각

모든 것은 ○(원)이다. ○은 모든 것의 시작이요, 모든 것의 끝이다. 모든 것은 ○에서 출발하여 ○으로 귀결된다. ○이란 우주이다. 우주는 광활하고 끝이 없어 인간의 상상으로도 닿기가 어렵지만 또한 내 손바닥 안에 있어 마음으로 깨면 쉽게 내 것이 되기도 한다.

지금껏 우주에 대해 연구해왔다. 우주는 가장 확실한 실체이며 나이기도 하고 나의 일부이기도 한 채 존재하여 온 것이다. 우주가 나이고 내가 우주인 채 흘러오면서 인간은 자각이 없었다.

자각은 인간이 우주에서 받은 가장 훌륭한 혜택이다. 소각(자각)이 크면 대각이 되는 것이요, 대각이 크면 완각이 되고, 완각이 보완되어 우주가 되는 것이니, '아我=우주'임에 대하여 소각의 단계를 벗어나도록 해라.

알겠습니다.

소각은 욕심에서의 깨달음이요, 대각은 욕심을 벗어난 깨달음이니라. 소각으로는 큰일을 할 수가 없다.

고해의 의미

하늘은 공평하다. 일견 불공평한 것 같아도 매사에 있어 극히 지극하게 공평한 것이다. 모든 일을 자신에게 미치는 영향으로 판단하지 말고 전체적인 관점에서 보아야 한다.

전, 현, 후 3생을 통틀어 나의 현재에 영향을 미치는 것은 전생과 현생의 살아온 부분이다. 전생의 경우 영향력이 남아 있는 경우는 3생 정도이다. 그 이전은 인연의 끈은 연결되어 있어도 영향력은 사실상 없어진 상태이다.

모든 것이 모든 면에서 만족스러울 수는 없다. 누구나 일부의 만족이 있을 뿐인 것이며 그 일부가 나의 필요한 부분인가의 여부는 뜻하는 부분에 달려 있는 것이다.

인생은 원래 고해이다. 고해가 아닌 것처럼 보이는 것은 고해의 의미를 모르기 때문이며, 그 의미를 참으로 알았을 때 벗어져 나가는 것이다. 삶은 태어남부터 고해이니라.

알겠습니다.

고해의 의미는 본인의 업을 소멸시키는 과정이라는 것이며, 알고 넘기면 소멸되나 모르고 넘기면 소멸이 되지 않는 것이니라.

나는 절대 명제

　매사가 자신에게 달렸다. 모두 나에게서 시작된 것이며 모두 나에게로 돌아오는 것이다.

　나에게서 출발하여 나에게로 귀착되는 모든 것들은 시작도 끝도 모두 오직 나일 뿐이니, 문제의 해결 방법 역시 나에게서만 나올 수 있는 것이니라.

　벗어나려 해서 벗어날 수 있는 것은 아니며, '나에게서, 나에게로'에 대한 명제는 이미 수없이 많은 사람들에게서 그 논쟁이 있어 왔으나, 진실로 나의 위치 발견과 소재 확인에 성공한 사람은 흔치 않다.

　나는 확인이 가능한 순간에 이미 문제의 해결이 끝나버리는 시작이자 끝인 까닭이다.

　나는 나요, 하늘이요, 또한 우주이니, 나에 대하여 모두 알면 그것으로 문제가 이미 해결되어 버리는 까닭이다.

　수련은 나에의 접근이다. 나에게 접근하는 순간 모든 문제는 해결된다. 나는 절대 명제이다.

알겠습니다.
    모든 것은 '나'이다. 나를 추적하라.

현재의 위치가 가장 중요

현재의 위치가 가장 중요하다. 자신이 유일하게 사용할 수 있는 시간이요, 미래를 결정짓는 작업이다. 현재의 사용은 인간에게 부여된 가장 커다란 특권이다. 이 특권으로 인하여 인간은 신과의 동화에 성공할 수 있다. 신은 인간에게 특수한 조건에서의 동화를 허용하였다. 그것은 호흡을 통한 수련으로 자신을 찾아들어 가는 것이다. 삼라만상이 모두 내 안에 이미 존재하며, 찾아서 나설 것도, 주변을 보고 확인할 것도 아닌, 바로 내 안에 이미 있는 것이다.

'스스로 돕는 자를 돕는 것' 역시 본인의 내부에 있는 하늘의 작용이며, 흥망의 모든 조건 역시 자신에게 달려 있는 것이다. 신은 월권을 용납 안 한다. 인간은 인간으로 있되 신화神化된 인간의 신계 진입이 허용되는 것이다. 수련은 가장 지름길이다.

알겠습니다.

아무에게나 권할 일은 아니다. 신계의 질서가 있느니라.

정성

    정성은 그 자체로서 하늘이 되는 길이다. 정성으로 집중함으로써 그것으로 일체가 되는 것이다. 정성으로 이룬 결과가 아닌 정성 그 자체인 것이다.

    정성이 없으면 결과가 같아도 없는 것이나 마찬가지이며, 정성이 있으면 설령 그 결과가 흡족지 않더라도 인정을 받게 되는 것이다. 이루고 안 이루고, 또는 못 이루는 모든 원인은 정성에 있는 것이다.

    표현 방법에 있어 물질이든 기타 어떤 것으로 나타난다고 해도, 본질은 오직 한 가지, 정성으로 판별되는 것이다. 인간은 그 정성으로 하늘을 감복시켜, 하늘에서, 또는 우주에서만이 가능할 수 있었던 일들을 해왔다.

    성인들의 능력은 하늘을 감복시켜 그것에서 이끌어 온 힘이며, 그 힘을 한 번도 헛되이 사용치 않았기에 그 뜻이 길이 보존되어 오는 것이다. 정성은 그 자체로 족하다.

알겠습니다.

정성으로 뚫어라. 정성만이 가하다.

자족을 알라

항상 마음의 중심은 나여야 한다. 이 세상은 나 위주로 건설되었으며 나 위주로 운영되고 있다. 부족한 점이 있는 것은 나 자신의 운용의 묘를 살리지 못해서이지, 세상이 왜곡되어서는 아닌 것이다.

잘될 것 같은 부분은 키우고 잘 안 될 것 같은 부분은 제거하여 모두 평온하도록 만들어야 한다.

세상은 누구에게 특별히 유리하지도 특별히 불리하지도 않도록 되어 있다. 공평에 공평을 기하는 것, 그 선에서 중도를 걷는 것이야말로 수련생의 위치인 것이다.

중간은 판단의 기준이며, 지침이며, 모든 것을 정확히 바라보게 하는 위치이고, 따라서 마음의 중심을 가장 정확하게 잡아주는 곳이니라.

자신의 주변에 있는 행, 불행을 바라보지 말고, 나 자신에게 부족한 점은 놓아두고 남는 점을 생각하여, 편안한 마음의 상태를 만들어 가야 한다. 마음이 편한 상태는 자족에서 나온다. 자족을 구하면 세상이 편하다. 모든 게 남느니라.

알겠습니다.

    자족을 알아라.

호흡 7

 이 세상의 모든 것은 이미 결정되어 있다. 결정되어 있지 않은 것은 인간의 일뿐이다. 인간은 자체로서 변수투성이로 구성되어 있어 신조차도 종잡을 수 없는 변화의 가능성을 지니고 있다.

 항상 노력하는 자는 신과 동렬에 오를 수도 있으며, 자신을 위한 노력을 게을리 하는 자는 인간으로서의 위치조차도 지키지 못하고 만다. 인간은 그 무한한 가능성을 깨닫게 될 때, 그래서 그 가능성의 안으로 한 발자국씩 들어서게 될 때 엄청난 진화의 가능성을 갖는다.

 그 가능성은 수련으로 인한 것이다. 누구든 쉽게 깨달음을 이야기할 수는 있으나 깨달음을 얻기가 어려운 이유는, 그 깨달음이 노력 없이 오지는 않는다는 사실 때문이다. 설령 온다고 하더라도 노력이 없는 한 내 것이 되지 않는다.

 노력으로 끌어들이는 방법이 있고, 온 것을 내 것으로 만드는 방법이 있는바, 모두 간단히 되는 것이 아니며, 오직 인간이 받은 하늘의 은혜인 수련에 의한 호흡으로 가능한 것이니라.

알겠습니다.

    호흡이다. 호흡밖에 없느니라.

일상日常이 중요

사람은 모두 받은바 일이 있으니 직분이라고 한다. 이 직분에 충실할 때 하늘은 인간을 인정하고 받아들인다. 아무리 어떤 일을 잘해도 그것이 직분이 아닌 다른 일일 경우에는 인정이 되지 않으며, 오히려 본인의 직분을 깎아내리는 경우도 있다.

모든 것은 흘러가는 방향으로 흘러가게 되어 있으며 그 방향으로 인도하는 것은 바로 직분인 것이다.

이 직분을 통하여 사람은 또한 자신의 길을 발견하고 생활 속에서 도를 구할 수 있는 것이니라.

상도常道의 길은 곧 생활이 수련인 것이니 직분에 충실한 데서 나오는 것이니라. 수련 중에서 가장 바람직스러운 것이 일상생활로 인한 수련이다.

아무리 지혜가 깊어도 실생활에 소용이 닿지 않으면 소용이 없듯이, 수련도 실생활을 통하여 그 효능이 나타나지 않으면 소용이 없다.

따라서 일상생활 속에서 하나하나 수련으로 터득해야 할 요체를 찾아 내 것으로 만들어야 하느니라.

알겠습니다.

일상日常이 중요하다.

한 곳을 지향하라

언제나 지향하는 바는 하나이어야 한다. 어떤 곳에서든 하나를 지향하고 있으면 그 방향으로 갈 수 있으나 아무리 반석 위에서라도 여러 곳을 지향하고 있으면 갈 수가 없다. 인간의 능력의 유한성은 한 번에 여러 가지를 동시에 할 수 없다는 것이다.

인간은 한 번에 한 가지밖에 못하는 것이 약점이자 강점이기도 하다. 그 한 가지를 올바로 선정하면 상당한 결실을 거둘 수 있으나, 올바로 선정하지 못하면 오히려 선정하지 않은 것만도 못한 결과가 나오는 수도 있다.

인간은 자체에서 모든 것이 조달 가능하도록 되어 있다. 자신의 내부에서 찾아지지 않는 것이 없는 것이다. 내부에서 모두 구해지는데 밖으로 눈을 돌리면 불가한 일이 되고 만다. 나의 내부로 눈을 돌리고 나의 내부에서 모든 것을 구해야 한다.

모두 나의 내부에 있는 것이다. 항상 나 자신에게서 모두 찾는 버릇을 들이는 것은 스스로 완성의 길에 드는 가장 빠른 방법이 될 것이니라.

알겠습니다.

자충自充의 길을 찾아라. 자충은 수련에 필수니라.

노력은 우주를 감동시켜

  항상 모든 것들이 이미 내 안에 있음을 명심하라. 내 안에 살아 있는 것들이 언제나 분출되기 위하여 대기하고 있으며 그것들이 분출되는 한 이승에는 무서울 것이 없다. 한때 경외의 눈으로 바라보던 모든 것들이 순간 내 것이 된다.

  인간의 노력은 우주를 감동시킨다. 우주의 감동은 인간에 대한 배려로 나타나고 그 배려는 인간에게 성공이라는 값진 성과를 주는 것이다.

  인간은 노력으로 모두 뚫고 나갈 수 있는 것이다. 노력은 인간이 가진 가장 무서운 힘이다. 인간은 노력으로 모든 것을 이룩할 수 있으며 노력으로 자신이 원하는 모든 것을 획득할 수 있다. 노력은 인간이 신에게 받은 것 중 가장 감사해야 할 대상이다.

  인간은 노력이 있음으로 인하여 자신이 원하는 어디든지 갈 수 있는 것이며, 노력이 있는 한 자신이 원하는 어떤 것도 이룩할 수 있는 것이니라.

팔자란 인간의 노력 앞에 너무나 무능한 것이니라.

알겠습니다.

노력이다. 노력이니라.

아침은 하늘의 시간

하루의 일과는 아침이 중요하다. 아침을 어떻게 보내느냐에 따라 그 날의 결과가 달라진다. 아침은 하늘의 시간이며, 오전 이후는 하늘과 인간의 시간이고, 저녁은 인간의 시간이다. 하늘의 시간이 점차 오후와 저녁까지 연결되어야 한다.

저녁 시간은 수련 시간으로서 적합지 않으나 점차 수련 시간화하여 종일 수련이 가능토록 하는 것, 이것이 수련 중인 자의 일이다.

수련은 결코 단순한 것에서 오지 않는다. 수련은 단순하되, 복잡한 것을 단순화하는 지혜, 복잡한 것에서 단순한 것을 찾아내는 지혜, 단순한 것 속에 한없이 복잡한 것이 숨어 있음을 알아내는 지혜 등이 복합적으로 연결되어, 극도의 복잡과 극도의 단순함이 결국은 하나이며, 그 속에서 답이 찾아진다는 진리를 알려주는 것이다.

수련의 길에 들면 자신이 아무것도 아는 것이 없음을 알고 차차

하나씩 다시 채워나가며 세상을 배우고 익혀 나가게 된다. 수련은 인간을 재형성시키는 과정이며 그 결과를 도출하는 작용인 것이다. 신은 모든 것을 단순 명쾌하게 본다.

알겠습니다.
    모든 것의 답은 간단하니라.

신도 인간이 수련하는 것은 못 막아

저의 앞으로의 진로는 어떻게 하는 것이 좋겠는지요?

수련으로만 가는 것이 좋다. 수련으로 들면 오직 수련만이 본인을 살려주는 것임을 알아야 한다. 수련은 지상 최고의 가치이며 이에 비교될 수 있는 것은 아무것도 없다. 신조차도 인간이 다른 일을 하는 것은 막을 수 있어도 수련을 하는 것은 막을 수 없다.

수련 도중 본인에게 나타나는 것은 본인의 내부에 있던 것들이며, 옆에서 사邪가 끼이는 것은 본인이 불러들이기 때문이다. 본인이 직접, 간접적으로 불러들이지 않고 충심으로 수련에 열중하는 한 사는 감히 참된 인간의 수련에 끼어들지 못한다.

본인의 마음에 사를 불러들이는 기운이 있는 한 계속 사가 끼어 수련의 진행을 방해하게 되어 있다. 수련 이외의 다른 부분에 관한 한 어느 것도 원해서는 안 되며, 수련 이외의 일상생활에 관한 것은 본인이 알아서 해도 무관하다.

불만은 깨달음으로 인도한다

　항상 모든 일에 감사하라. 내게 이롭다고 좋은 것이 아니요, 내게 해롭다고 나쁜 일이 아니며, 억만 겁의 업장을 걷어 내기가 쉬운 일이 아니다.
　큰 인물일수록 닥쳐오는 것은 고난에 가까우며 결코 행복스럽고 좋아 보이는 것은 아니다.
　만족은 인간의 것이기보다는 인간 이외의 것에서 발견되는 것이다. 불만이 없는 상태는 그 자체로서 이미 발전 가능성을 상실한다. 가장 큰 불만은 가장 큰 깨달음으로 인도하는 것이며, 가장 큰 장애물은 넘어섰을 때의 기쁨이 그만큼 큰 것이다.
　수련에서 장애 없음을 바라는 것은 수련을 하지 않고자 하는 것과 같다. 수련은 극복하고 뛰어넘음으로써 자신을 키워나가는 과정이며, 넘지 못하면 계속 같은 과정을 반복하게 된다. 넘되 본인의 마음에서 극복해야 한다.
　스스로 자체 내에서 극복하고자 하는 마음이 생겨 넘지 않고, 타에 의해 넘어갈 수 있기를 기대하다가는 평생 못 넘고 만다. 수련의 주체는 나이다. 채우는 것까지도 내가 나를 채워야 하느니라.

알겠습니다.
 나이니라. 나만이 나를 채울 수 있느니라.

부족하면 부족한대로

수련은 결코 편하게만 오지는 않는다. 인간의 삶은 오행이 부조화되어 있어 그 부조화로 인하여 조화에 다가가려는 욕망으로 나타나게 되고, 그 나타남이 수련으로 되었을 때 가장 긍정적인 변화를 이끌어 내는 것이다.

부족하면 부족한 대로 살아가는 것과 부족한 것을 다른 그 무엇으로 채우면서 살아가는 것은 그 근본이 다르다. 다른 그 무엇은 자신일 수 있고 다른 것일 수도 있으나 자신 이외의 부분으로는 절대 나의 부분을 채울 수 없다.

내게 부족한 부분 역시 내가 가지고 있는 것이다. 나는 그 자체가 완성체이다. 인간임으로 인하여 불완전하게 되어 다시금 완성에 이르려는 노력을 하게 되는바, 자신의 내부에서 부족한 부분을 찾으면 이미 있었다는 것을 발견하게 되는 것이다.

결코 멀리 있지 않다. 모두 손이 닿는 곳에 있는 것이다. 마음을 열고 나에게서 분리되어 있던 나의 부분들을 받아들여라. 받아들이는 방법 역시 호흡이다. 호흡은 시공을 초월한 참인간의 수련 방법이니라.

알겠습니다.

기공에서 심공으로

　수련은 마음의 문을 열면서부터 다시 시작된다. 기공에서 심공으로 드는 것이다. 이 공부가 마음공부라 함은 이 단계를 일컫는 것이니 이 마음공부에 통하고 나면 어디든 통하지 않는 곳이 없다.

　천지 만물의 이치가 들여다보이며 세상의 모든 일들이 손아귀에 있는 것 같음을 느끼게 되는 것이니, 이 또한 수련의 묘미인 것이다. 수련으로 성공하고자 하면 이 심공 단계에서 더욱 호흡으로 정진할 것을 요한다.

　수련은 다른 방법도 있으나 호흡을 권장하는 이유가, 가장 강력하고 지속적인 추진력은 호흡에서만 나올 수 있는 것임을 안다면 의문이 없을 것이다. 수련 중 호흡으로 뚫고 나가는 방법이 제일이며 의식으로 가는 방법은 둘째이고 신身으로만 가는 것은 셋째이니라.

　호흡도 '호흡과 호흡'이 상上이며, '호흡과 의식'이 중中이고, '의식과 의식'이 하下이다. 오로지 호흡으로 들라. 호흡만이 가능하며 호흡에 일치된 마음이 곧 우주화의 첩경이니라.

알겠습니다.
　　호흡이니라.

100
우주는 생각으로 움직여

항상 모든 것이 내게 있어도 내게 없는 것이 또한 있으니 그것이 무엇이겠느냐?

나입니다.

그렇다. 모두 있어도 나에 대한 인식이 없으면 없는 것과 같다. 나는 지상 최고의 가치이며 절체 절명의 과제이다. 나는 누구에게도 우선하며 누구에게도 뒤지지 않는 존재인 것이다. 나에 대한 확신은 불가능을 없도록 한다.

어떤 난관도 뚫고 나갈 수 있는 힘은 확신에서 나온다. 나에 대한 확신은 그 자체로서 이미 90%는 달성해 놓은 것이나 다름없는 것이다.

인간은 마음 때문에 공부도 가하나 마음 때문에 불가능하기도 한 구조를 가져왔다. 신과의 차이는, 인간이므로 이 불가한 점이 지배적인 경우가 있다는 것이다.

항상 자신이 가능하다는 쪽으로만 시선을 돌리면 모든 것은 가능한 방향으로 정리되게 되어 있다. 생각은 우주를 재편하는 힘인 것이다.

알겠습니다.

우주는 마음으로 이루어져 있으며 생각으로 움직이고 있느니라. 마음을 잘 써야 한다.

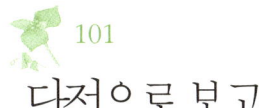

101
단전으로 보고

항상 마음을 가라앉히는 것은 기본 중의 기본이다. 마음이 가라앉아 있다는 것은 매사를 바로 볼 수 있다는 것이며, 매사를 바로 본다는 것은 정확히 판단을 할 수 있다는 것이니, 수련의 요체는 매사를 바로 보는 데서 시작하는 것이기 때문이다.

호흡은 매사를 바로 볼 수 있는 힘을 길러준다. 호흡이 단전에서 의식을 몰아 힘으로 나가고 있는 한, 매사는 항상 맑은 머리로 판단할 수 있게 되는 것이니, 단전에서 의식을 잃지 않고서야 공부가 제대로 될 것이니라.

단전으로 보고, 단전으로 생각하고, 단전에 기억하고, 매사의 근원을 단전에서 찾으면 풀리지 않는 것이 없느니라. 항상 매사의 요체는 단전을 잊지 않는 데 있는 것이니, 단전을 잊고 어떤 일을 한다는 것은 사실상 모두 소용없게 되고 만다.

언제나 단전으로 시작하여 단전으로 끝내고, 단전에서 나가고 단전으로 들어오며, 단전에서 출발하여 단전에 도착하는 것이니,

이 원리를 잊으면 될 일도 안 될 것이며, 나가는 것만 알고 들어오는 것을 잊거나, 나가지 않은 것을 들어오게 함은 무리가 따르는 일이 될 것이니라.

알겠습니다.

단전이다. 모두 단전이니라.

102
쉬는법

매사는 수련에서 비롯되어야 한다. 수련에서 출발되고 수련으로 귀결되는 매사의 모든 것은 어느 것 하나 수련이 아닌 것이 없으며, 수련으로 시작하여 수련으로 끝내는 것이다.

언제나 수련의 요체가 항시 '수련임을 잊지 않는 것'이라는 것을 안다면, 잠시라도 게으름을 피거나 나태에 안주하여 시간을 허비하는 것이 얼마나 큰 손해인지 알 수 있을 것이다.

쉬지 말라는 것이 아니라, 쉬는 중에도 호흡을 고르고 쉬면 그 쉬는 효과가 몇 배로 나타날 것인즉, 쉬는 것 자체도 수련에서 벗어나지 않음으로써 정말 큰 효과를 거둘 수 있는 것이니라.

삶은 양면성이 있다. 앞으로 나아가는 것과 나아가기 위한 준비의 두 가지가 그것이다. 이 두 가지를 소홀히 하지 않음으로써 우리는 진전을 가져올 수 있는 것이다. 모든 것이 진전되지 않으면 진전되기 위한 준비를 하는 과정인 것이다.

휴식은 필요하나 낭비하는 시간이 되지 않도록 주의해야 한다.

휴식은 참으로 수련을 위한 준비로서 수련보다 더욱 중요할 수 있는 것이니라. 잘 쉬는 법을 배워라.

어찌해야 하는지요?

　　마음이 가라앉고 호흡이 잠잠하면 그 자체로 휴식이며 다른 행동이 필요 없는 것이니라.

103
하늘 인간

하늘이 뒤숭숭한 것은 인간이 그렇게 만들기 때문이다. 인간들이 안정되어 있지 않고 마음이 떠있는 한, 하늘도 안정이 되지 않는 것이다. 모든 것은 우주를 축으로 하여 돌고 있는바, 하늘과 인간은 상호 영향을 주고받을 수 있는 관계이다.

우주에서는 인간이 직접, 간접으로 받기만 하고 주는 것은 없어도, 하늘로부터는 주고받음이 있는 까닭이다. 상호 관련된 부분에서 서로 주고받는 일의 주도권은 하늘이 90%, 인간이 10%를 가지고 있으나, 인간의 역량에 따라 그 비율이 달라진다.

하늘 인간이 된 경우 그 비율은 인人이 90, 천天이 10일 수도 있으며 수련으로 법에 대한 깨달음이 왔을 경우 100%가 될 수 있다. 법은 곧 하늘의 도리이다. 인간은 하늘과 법을 알면서부터 마음이 새로 주입되도록 되어 있다.

본래의 자신을 찾아내는 것이다. 본래의 자신은 자신의 내부에 있으나 찾아내야 나타나는 것이니라. 성심 성의껏 찾아야 손잡고

'심'의 단계로 갈 수 있느니라.

알겠습니다.
    성의니라. 성의가 필요하니라.

 104
기안, 영안, 법안, 심안

기안 : 기를 보고 기적 현상을 보며 기의 세계에 드나 판별이 되지 않는다.

영안 : 기적으로 본 것에 대해 판별이 가능하며, 타 영체와 대화가 가능하게 된다. 이 수준에서 점술, 사주 등이 가능하다.

법안 : 우주의 이치가 보인다. 보통 도가 통했다고 하는 단계, 고도의 정신, 육체 수련으로 도달하는 단계이다.

심안 : 우주와 일치된 단계. 우주의 법도를 본 후 지속적인 수행으로 일치를 이루어 냈을 경우 심안이 열리며, 이 단계에서 매사를 보면 우주의 관점에서 보게 된다. 수련의 최종 목표이다.

· · · · ·
언제나 기회는 항상 주위를 감싸고 있다.
마음만 먹으면 무엇이든 기회인 것이다. 어느 것 하나
나에게 도움이 되지 않는 것이 없고, 어느 것 하나
내게 수련 대상이 아닌 것이 없다. 인간은 그 생각을
바꿈으로 인하여 불가능한 것이 없도록 되어 있다.
문제는 불가능하다고 생각하는 생각인 것이니라.

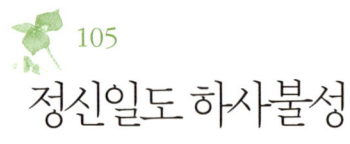

105
정신일도 하사불성

 항상 마음을 한 곳으로 모아라. 마음을 한 곳으로 모아서 안 되는 일이 없다. '정신일도 하사불성精神一到何事不成'이란 원래 인간계의 말이 아니었느니라. 신계의 수련 방법에 나오는 말이었으나, 그것이 인간계에 전해진 것이니라.
 신계의 언어가 인류에게 전해진 것은 그 외에도 많이 있으나, 그것이 가장 대표적인 말 중의 하나이다. 인간은 모두 집중을 할 수 있도록 되어 있다. 집중이 되지 않는 것은 마음이 모이지 않기 때문인바, 마음을 한 곳에 모으면 집중이 가능토록 되어 있다.
 집중이 되면 길이 보인다. 길이 보이면 나아갈 수 있게 되며, 나아갈 수 있으면 다음 단계로의 진입이 가능하다. 마음을 한 곳으로 모으라는 것은 모든 것을 떠나 수련으로 들기 위해서도 중요한 일 중의 하나이다.
 수련 시나 어떤 일을 할 때 마음이 한 곳으로 모이지 않으면 큰 일을 할 수가 없다. 어떤 일을 하기에 앞서 우선 마음을 모아라. 마음이 모인 후에 시작하고, 이미 시작한 일이 있거든 지금이라도 다시 마음을 모아서 다시 시작하라. 일의 진행이 달라질 것이다. 마음을 모아서 뚫어 나가는 것은 기본 중의 기본이니라.

알겠습니다.
    마음을 모아라. 집념이다.

106
때란 기운이 지원되는 시기

항상 사람에게는 때가 있다. 이 때는 그 사람이 어떤 일을 하는데 적절한 기운이 지원되는 때로서, 이 시기에 일을 하면 그렇지 않은 경우에 비하여 30% 이하의 힘으로도 같은 문제를 해결할 수 있다.

이 때는 원래 그 사람에 따라 사전에 맞추어져 있으나, 수련을 한 사람은 그 '타이밍'을 조절하여 내 것으로 만드는 방법이 있으니, 바로 호흡이란 것이다. 들숨 위주의 호흡으로 힘을 보충하면 기회는 힘이 있는 사람에게 찾아오게 되어 있다.

고요한 들숨 위주로 호흡 방법을 바꾸어 단전에 힘을 쌓아 놓도록 하면 언제나 꾸준한 자신의 길을 갈 수 있을 것이다. 자신의 길은 수련에 들면서 점차 바뀐다. 속俗의 가치 추구보다는 선仙의 가치를 추구하면서 점차 자신을 변화시켜 나갈수록 점점 참가치의 의미를 알게 된다.

나는 나이며 그 누구도 될 수 없으나 보편화된 나, 누구에게도 받아들여질 수 있는 나로서 우주화되어 존재하는 것이다. 시기는 언제나 호흡으로 내 것을 만들 수 있으니, 잔잔한 호흡에 주력하여 언제나 나에게 유리하도록 주변상황을 조절해 보는 것이 좋을 것이다.

알겠습니다.
    호흡이다. 호흡이니라.

잡념은 죄악

 수련 시 잡념이 섞이지 않도록 해야 한다. 난 10분을 해도 잡념이 없이 깊이 드는 것이 참수련이다. 집중을 가벼이 해서 될 수 있는 것은 아니다. 단전에 의식을 주고 혼신의 힘으로 마음을 모아서 깨고 나가야 한다.

 언제나 돌파력은 집념으로 집중한 상태에서 자신도 모르게 나오는 것이다. 이 돌파력은 의식적인 경우보다 무의식적인 경우에 훨씬 더 크다. 돌파한다는 의식보다 집중한다는 의식이 강도가 훨씬 세기 때문이다.

 우주는 변화한다. 변화는 필연적이며 변화의 결과는 발전이다. 발전은 진전이며, 우주의 발전은 인간의 발전이 없으면 까마득한 곳에 있는 것이 되고 만다. 우주의 회전 속도는 인간의 상상을 넘는다. 수십만, 수백만 Km/초의 속도로 변화하고 있다.

 인간은 수련의 길에 들어 평생을 끊임없이 호흡으로 밀어붙여야 말석에서 성취를 이룰 수 있는 것이다. 우주는 쉬는 법이 없다. 잡넘은 그 자체가 죄악이니라.

알겠습니다.

어찌 게으름을 피우고 있는 것이냐?

노력하겠습니다.

지켜볼 것이니라.

무념이란

하늘은 사람을 기다리지 않는다. 사람은 하늘을 기다려도 하늘은 하늘의 길을 갈 뿐인 것이다. 하늘의 길에 동참하고 나아가 우주화를 이룩하기 위해서는 인간이 부지런히 뛰어야 한다.

인간의 무념은 엄청난 속도가 있다. 무념으로 정진할 때 인간은 자신도 미처 느끼지 못한 '초스피드'의 수련을 경험할 수 있는 것이다. 무념은 아무 생각이 없는 것이 아니라 '나' 이외의 아무것도 없는 것이다. 여기서의 '나'란 내 몸도 아니요, 내 마음도 아닌 본래의 나를 뜻하는 것이니 곧 우주니라.

이 우주를 생각하려면 너무 크고 거대하여 감이 잡히지 않으므로 나를 생각함으로써 동일한 효과를 얻는 것, 이것이 무념인 것이다. 나 이외의 아무것도 없으므로 생각이 집중되어 한 길로 '초스피드'의 진도를 거듭할 수 있는 것이다.

수련은 진전이 있어야 한다. 진전이 없고서야 아무리 좋은 방법도 소용이 없게 되는 것이며, 진전이 있다면 별로 좋게 생각되지 않는 방법도 사실상 유용한 것이다. 진전은 가장 필요한 수련의 목표 중의 하나인 것이다.

알겠습니다.

진전이 가한 방법은 마음을 정리하는 데서 나온다.

정성의 대상은 자신

　항상 정성으로 자신을 갈고 닦아라. 정성의 대상은 자신이다. 자신은 지상 최고의 가치이며 둘이 될 수 없는 절대인 것이다. 언제나 자신을 향하여 정성을 들임으로써 인간은 이루고 싶은 모든 것을 이룰 수 있다.
　자신은 수련의 수단이자 목표인 것이다. 어떤 수련 방법도 자신을 제외하고 가능한 방법은 없다. 자신을 위하고, 자신을 통하고, 자신을 단련하며, 자신을 키워서 결국 자신으로 모든 것이 가능하고 자신이 우주가 되는 것이 바로 수련의 할 바인 것이다.
　수련은 단순하면서도 그 단순함의 실체를 깨닫기까지는 많은 시간이 걸린다. 그 많은 시간이 걸리는 이유는 단순함 속에 너무나 많은 복잡함이 깃들어 있기 때문이며, 그 복잡한 것이 너무나 단순하다는 원리를 깨닫기 위하여는 복잡함 속에서 세상의 방위를 잊고 헤매어 보는 과정이 필요했기 때문이다.
　세상은 복잡하나 그 원리는 단순하고, 그 단순함으로 풀면 모두 간단하게 풀리는 것들인 것이다. 동요는 수단과 목표의 혼동에서 온다. 자신에게 정성을 들이는 것을 수단화하라. 그것이 수련의 요체이니라.

알겠습니다.

    자신이다. 자신이니라.

110
수련은 힘

　수련을 하면서 나를 놓치면 수련을 하지 않은 것과 같다. 수련은 나를 찾아가는 과정이며 나와 일치를 이루어 가는 과정이니, 나는 수련의 목표이자 과정인 것이다. 수련은 그 자체가 나와의 연관이 없이는 진행되지 않는 것이며 나에 근거하지 않고는 그 결과가 나오지 않는다.

　수련을 하고자 하면서 나를 잊는 것도, 수련을 하고자 하면서 나 밖에 모르는 것도, 모두 문제가 있으며, 나를 알되 다른 모든 것에 포함된 나를 알아야 하는 것이다.

　나의 절대 가치와 나의 발전 가능성, 나의 유일성은 이 세상의 모든 것에 우선하는 가치이며, 이 가치가 수련으로 찾아지지 않고 다른 방법(타인에 의한 방법이나 빙의하의 경우)으로 찾아진다면 사邪가 끼어들어 온전히 결과에 도달할 수 없게 되고 만다.

　수련은 결정적인 경우 상당한 '파워'의 결집이 필요한바, 힘의 낭비가 없도록 지속적으로 밀어붙일 수 있는 역량을 비축토록 해

라. 수련은 나와 일치될 수 있는 힘이니라.

알겠습니다.

    힘으로 밀어야 한다. 힘이다.

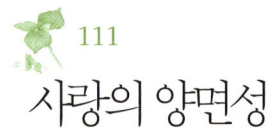
111
사랑의 양면성

 모든 것은 자신에게 달려 있다. 자신은 어떤 것도 할 수 있는 주체이며 어떤 것도 잃을 수 있는 객체인 것이다. 삶에서 자신이 주체가 되지 못할 때 잃을 수 있는 것은 너무나 많다. 이 세상은 모두 도道의 도구들로 가득 차 있으며 또한 도에 해를 끼치는 것들로도 가득 차 있다.
 사랑은 도에 가장 결정적으로 영향을 미치는 것 중의 하나이며, 온전하고 깊은 사랑은 도의 진전에 긍정적인 영향을 미치나, 그렇지 않을 경우 파멸을 눈앞에 두게 된다.
 사랑은 그 자체가 선과 악의 극한 속성을 모두 가지고 있으며, 그 속성이 선하게도 악하게도 보일 수 있는 양면성이 있으므로, 본인의 뜻으로 선택하지 말고 객관적인 상황에 따라 행하면 크게 어긋나지 않고 갈 수 있다.
 모든 것이 중요하나 사랑은 자신을 없애는 것 같으면서도 결국은 자기 위주이며, 타인에게 잘하고자 하는 것 같으면서도 역시 자신을 위하여 하는 것이므로, 진정 타를 위하는 것일 때 자신이 찾아질 것이니라.

　사랑 이외의 모든 것 역시, 자기는 타에 함께 존재하는 것이므로, 자타를 너무 뚜렷이 구별하지 말고 함께 관하는 객관적인 시야가 필요하다.

알겠습니다.

　　시야를 넓혀라.

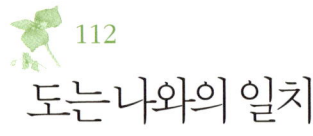

112
도는 나와의 일치

　도의 길은 항상 바로 옆에 있다. 한두 단계 건너뛴 것이 아닌 내게 붙어 있는 위치에 있는 것이다. 그 바로 붙어 있는 것 중의 하나가 겉과 속이 같아야 한다는 것이다.
　사람은 그 행동에 있어 표리부동해서는 안 되며 항상 말과 생각과 행동이 같아야 한다. 이 말과 생각과 행동이 일치된다 함은 도의 가장 초보적인 조건이자 마지막 조건에 부합된다는 것이다.
　도는 나 자신과의 일치이자 온 우주와의 일치이다. 내 바로 옆에 있는 것과 일치를 이루지 못하면 온 우주 전체와 일치는 생각키 어렵다. 아주 가까이 있는 것과 나와 일치를 이루어 나가는 일이야말로, 계속되어 감에 따라 온 우주와의 일치를 이룩할 수 있는 방법이 되는 것이니라.
　이 3위 일체(언, 사, 행 일체)는 수련생에게 반드시 필요한 것으로서, 필요에 의해 타에게 해를 주지 않는 거짓말을 하여 오던 것도 점차 없어져야 하며, 설령 그것이 누구에게 아무런 영향이 없다고 해도 같지 않은 말은 없어야 한다. 언, 사, 행은 모두 하나여야 한다.

알겠습니다.

    모든 것이 하나니라.

버린다는 것

이승의 모든 것들은 내 손 안에 있으나 또한 없는 것과도 같다. 모두 내 것이며 내 것이 아니듯, 내 손 안에 있으면서도 없는 것이다. 이 있고 없음의 차이는 마음에 있다. 마음에 있으면 있는 것이요, 마음에 없으면 없는 것이다.

언제나 모든 것들이 마음에 있도록 노력하면 모두 마음에 있으나, 마음에 있든지 말든지 신경을 쓰지 않으면 없게 되는 것이다. 있고 없음의 차이는 곧 우주와 일치를 이루어낸 정도에 다름 아니다.

수련이 모두 버림을 뜻하는 것이라는 말은 삿된 것, 헛된 것을 버리고 참된 것으로 나를 채우자는 것이다. 참된 것은 바로 우주의 본체, 즉 본래의 나이다. 본래의 나로 나를 채움으로써 점차 나 자신이 현재의 나에서 본래의 나로 바뀌어지는 것이다.

나라고 모두 내가 아니므로 점차 나에게서 나 이외의 것들을 몰아내고 나로 채워야 한다. 확실한 가치관과 뚜렷한 수련관이 정립

되어, 한순간도 흐트러짐이 없는 나로 정착됨으로써 수련이 제자리에 들 수 있는 것이니라. 나다. 나를 찾는 호흡이니라.

알겠습니다.
    나를 생각하는 호흡으로 일관해라.

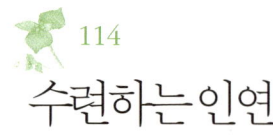

114
수련하는 인연

　사람은 누구나 태어나서 할 바가 있으니, 이런 일도 있고, 저런 일도 있으나, 수련을 하는 인연이 가장 복되고 보람 있는 일인 것이다.
　인간으로서 본래의 자기를 확인하고 일치시키는 일은 그 이상이 있을 수 없는 보람인 것이며 또한 자기만족인 것이다.
　어떤 일을 하건 보람은 있는 것이며 그 보람이 크든 작든 기쁨으로 오는 것이나, 자신과의 일치를 이루어 내는 일이야말로, 너무나 힘겹고 눈물겨운 투쟁이 중복되어 겹쳐오는 속에서, 참자신은 찾아지는 것이다.
　본래의 자신은 그렇게 가벼이 찾아지는 것이 아니며, 그렇게 쉽게 찾아지는 자신은 결코 본래의 자신일 수 없다.
　자신은 지상 최고의 가치이며 더 이상의 가치가 있을 수 없는 목표인 것이다. 인간으로 태어나 최고의 보람을 추구함은 가장 큰 성취이자 결실로서, 그 복은 어떤 복도 능가하는 기쁨인 것이니, 그

와중에서 찾아지는 어떤 것도 흔쾌히 맞아들일 수 있도록 하라.

알겠습니다.

    모두 기쁨일 것이니라.

115
본성은 모두 같다

　인간의 본성은 모두 같다. 다만 표현 방식이 다를 뿐이다. 그 표현 방법에 따라 성인이 되기도 하고 천부가 되기도 한다. 이 본성이 올바르게 표현되기 위하여는 우선 자신의 마음이 가라앉아 본성을 느낄 수 있는 상태가 되어야 하는바, 이 느낄 수 있는 상태는 주변에 자신을 욕망으로 이끄는 모든 것들이 사라져야 한다.
　이런 정리가 쉽지 않으므로 그 중에서 가장 쉽게 택하는 방법 중의 하나가 호흡이다. 호흡에 오기만 하면 90% 이상 대체로 마음이 맑아지는 경험을 한다.
　이 다음 단계, 즉 그 마음이 맑아진 상태를 어떻게 유지시키는가 하는 것은 본인이 얼마나 깊이 느꼈느냐에 따라 다른바, 업장이 두터워 워낙 깊이 욕慾에 빠졌으면 끄집어내기가 어려우며, 얕게 빠졌다면 끄집어내기가 쉽다고 하겠다.
　욕에 빠짐과 본성의 경험은 정반대인 것 같으나 사실상 원리는 하나로서, 한 발을 우측으로 딛느냐 좌측으로 딛느냐에 따라 달라지는 것이라고 하겠다. 마음이 가라앉지 않으면 좌로 욕에 빠지는 것이요, 마음이 가라앉으면 우로 각覺에 이르는 것이다.

알겠습니다.

    흔들림이 없도록 해라.

116
직분에 충실하라

사람은 누구에게나 자신의 몫이 있다. 이 자신의 몫은 자신이 사용치 않으면 그것으로 끝이요, 자신이 사용하면 계속하여 내려오게 되어 있다. 이 몫은 인간이 생각을 정하기에 따라 이롭게도, 해롭게도 다가오며 이 몫의 조정 여부에 따라 자신의 삶을 살기도 하고 타인의 삶을 살기도 한다.

사람은 모두 자신의 일을 가지고 있으며, 그 모든 일들이 두루 세상을 움직여 나가고 각자의 본분을 하고 있으나, 이 중에서 발전 가능성이 많은 경우는 수련의 몫을 타고난 경우이다.

대부분의 경우 자신의 몫을 1:1로 끝내게 되나, 수련자의 경우 1:100으로, 1:1,000으로, 1:100,000으로 그 역량이 확대되도록 되어 있다. 그 정신적인 힘의 범위가 다른 삶들까지도 포용하여 부족함과 넉넉함을 조화시킴으로써, 모두 안온한 삶을 살도록 하고 있는 것이다.

마음이 균형 잡히면 모든 것이 균형 잡힌다. 자신의 몫(직분)은 자신이 모두 소화해내면 낼수록 커지도록 되어 있으며, 수련자의 경우 커질수록 오히려 다루기 쉽게 되는 면이 있다.

알겠습니다.
    직분에 충실하라.

여자의 생리와 수련

여자의 경우 생리와 수련은 어떤 관계인지요?

　　　　자연 현상으로서 신경을 쓰면 있는 것이요, 신경을 쓰지 않으면 없는 것이다. 어느 정도까지는 자신의 의지로 조절이 가능하며 앞뒤로 편하게 할 수도 있다.

　인간의 마음은 항상 어느 정도의 경험에 의한 한계를 설정하고 지내므로 당연한 것으로 생각하나, 사실은 그렇지 않은 경우도 있는 것이다. 수련에 있어서도 초기 단계에는 생리가 필요하다.

　탁기 제거의 좋은 방법이며, 탁기든 정기든 체외로 배출될 때에는 컨디션이 다른 때에 비하여 좋은 경우는 아니므로 가급적 식생활을 충실히 하고, 수련도 30분 이내로 짧게 보기補氣 위주의 호흡만 하며 너무 과한 진도는 나가지 않는 것이 좋다.

　충분히 배출되는 양을 상쇄할 만큼의 입기入氣가 가능할 때는 평소의 진도를 계속해도 관계없으나, 그렇지 않은 때에는 다소 행동 범위를 줄이고 몸을 안온하게 하며 신경을 덜 쓰도록 하는 것이 좋다.

  여자의 경우 이 생리로 다른 탁기도 함께 몰아낼 수 있는바, 이 기간에 집중적으로 함께 내보내는 것이다. 허나 무리하면 체력에 손상이 오는 경우도 있으니 느낌이 있는 듯 없는 듯하면 도움이 될 것이다.

알겠습니다.

118
천기를 자랑하지 말아라

수련은 인간을 젊게 한다. 충분한 우주 기운의 보급은 언제나 인체 내부를 기로 충만케 하므로 적어도 기운에 관하여는 부족함이 없을 것이다.

다만 자신이 사용하고자 하는 기운이 부족한 경우가 있을 것인 바, 이 경우도 잠시 있으면 보충이 되니 역시 부족함이 전과 같지 않을 것이다.

성(性:sex)의 문이 닫힘에 따라 심적인 고통은 있을 것이나 그만큼 외부에서 기적인 교류가 있게 되므로 그 역시 별로 대단한 문제가 되는 선까지 가는 일은 없을 것이다.

허나 이 기운이 있음을 자랑하고 항상 이 천기에 의존하려는 마음을 갖는 한, 언제나 기운은 끊어질 수 있다. 항상 자만하지 말고 자신의 기운을 알아 꼭 필요한 만큼만 사용하는 지혜를 가지면, 언제나 넉넉한 힘으로 타인을 제도할 수 있게 되는 것이니라.

힘은 언제나 있다. 부족함이 없이 있는바, 서두르지 않고 우물을 팔 수 있도록 하면 지혜의 바다와 만날 날이 있느니라. 수련의 길에서 숨통이 열리면 반은 온 것이니라.

알겠습니다.

    지속적으로 보기補氣하여 부족함이 없도록 하라.

119
법이란

 항상 모든 것이 내 안에 있으므로 내 것 같으나, 생각이 이에 미치지 못하면 내 것은 아무것도 없다. 언제나 우주는 준비하고 있고, 인간을 받아주려 해도 인간의 마음에 짐이 많으므로 결국 우주에 다가섬에 실패하고 마는 것이다.
 인간은 그 생각으로 인해 법을 알고, 법을 알기 때문에 법과 일체가 될 수 있으나, 그 법을 정확히 알지 못함으로 인하여 법에 다가서는 일에서 실패를 하게 되는 것이다.
 법은 매사에 내가 하고 싶어 하는 것이요, 내가 해야 할 일이요, 내가 해온 일이니 이제껏 살아왔고 지금도 살고 있고 앞으로도 살아가야 할 방향이기도 한 것이다.
 법 따로 공부 따로가 아니며 하고 싶은 일과 공부가 모두 하나여야 하는 것이니, 먼저 마음을 정리하지 않으면 이 공부 자체가 불가하기도 한 것이니라.
 공부라고 다 공부가 아니요, 공부다운 공부가 공부인 것이니,

어떤 것이 공부인지 아는 데만도 자신과의 만남은 필요한 것이다. 공부라고 모두 공부가 아니니, 참공부를 공부라고 할 수 있는 탓이니라.

알겠습니다.

    호흡을 떠나면 참공부는 없느니라.

건강은 우선하는 가치

건강은 어떤 것에도 우선하는 가치이다. 인간은 건강이 완벽하지 못한 상태에서도 수련은 가능하나, 완벽한 상태에 비해 볼 때 그 진도는 상당히 늦다고 할 수 있다.

모든 사람들이 건강한 것은 아니다. 모든 사람들이 건강을 원하나 일부의 부족함이 있는 것은, 언제나 자신의 마음이 그 일부를 부족하도록 유도하기 때문이다. 마음이 편중되어 있는 한 건강 역시 편중되어 있기 마련이며, 마음이 정위치에 있는 한 건강 역시 정위치에 있는 것이다.

정위치란 단전을 이름한다. 건강을 위시한 모든 것들이 단전에서 생성되고 조정되며, 단전에서 시작하여 단전에서 마무리가 되어 왔다. 건강은 단전에 의하지 않고 타 방법으로 하려고 하는 한, 모든 것이 근본적으로 해결되지는 않을 것이며, 지속적인 호흡으로 꾸준히 밀고 나가는 한 모두 저절로 자연스럽게 해결이 될 것이다.

하늘은 공평하다. 어느 하나 불공평하게 처리되는 것이 없다. 일견 불공평한 듯 보여도 모두 순간의 일일 뿐 최종적으로는 아주 공평한 것이다. 인간의 자로 하늘의 지혜를 계산하지 말아라. 인간은 수련으로 하늘을 초월하면 하늘을 잴 수 있으나, 그 전에는 결코 하늘을 잴 수 없다.

알겠습니다.

단전이다. 단전이니라.

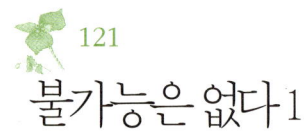

121
불가능은 없다 1

하늘은 인간을 결코 버리는 법이 없다. 인간이 하늘을 버릴 뿐이다. 하늘은 항상 인간을 키우고 거두며, 그로 인한 모든 것들을 함께 느끼고 기뻐하며 도움이 되려 한다. 그러나 인간이 담아내지 못하므로 하늘에 버림을 받은 것처럼 생각하지만, 하늘은 결코 인간을 버리는 법이 없다.

하늘의 통제를 받는 이승의 모든 일들이 인간을 위해 진행되고 있음에도, 이에 동참하지 못하는 인간들은 자신들의 앞에 놓여진 기회마저도 이용치 못하므로 천혜의 조건을 모두 놓치고 있는 것이다.

언제나 기회는 항상 주위를 감싸고 있다. 마음만 먹으면 무엇이든 기회인 것이다. 어느 것 하나 나에게 도움이 되지 않는 것이 없고, 어느 것 하나 내게 수련 대상이 아닌 것이 없다.

모두 나에게 긍정적인 역할을 가지고 있으며 부정적인 역할을 하고자 하는 것은 없다. 부정적으로 생각되는 것조차도 그 부정적인 역할을 통하여 긍정적인 방향으로 진행됨에 그 의의가 있는 것이다.

　인간은 그 생각을 바꿈으로 인하여 불가능한 것이 없도록 되어 있다. 문제는 불가능하다고 생각하는 생각인 것이니라.

알겠습니다.
　생각이다. 생각이 문제니라.

한가지 일

한 사람이 할 수 있는 일은 일생에 걸쳐 한 가지뿐이다. 여러 가지 일을 하고 있는 것처럼 보이는 것은 그 한 가지 일을 하기 위한 준비 기간의 일들이다. 이 한 가지를 하면 그 사람의 일생은 보람이 있는 것이요, 한 가지를 다 못하면 그 사람의 일생은 보람이 없는 것이다.

이 한 가지란 미리 정해져 있는 것은 아니며 이승에 태어나서 본인의 의사에 따라 정해지는 비율이 80%, 사전 예정이 20% 선이다. 인간의 의지는 자신에 관한 거의 모든 것을 통제 조정할 수 있다.

따라서 자신이 마음먹으면 못하는 것은 거의 없다고 할 수 있으며, 모든 것은 마음을 먹지 않아서 못하는 것들이다. 환상은 결코 환상으로 끝나지 않으며 인간의 마음속에 존재해 있는 한 반드시 현실로 다가오게 되어 있다.

인간의 능력으로 한 가지 이상의 일을 할 수 있는 방법은 수련밖에 없다. 수련에 매진할 경우에는 수련과 일과가 병행되는 것이며, 그 병행 속에서 두 가지 일의 결합으로 더욱 새로운 결과가 생성되는 것이다. 모든 것은 한 가지를 위한 과정이니라.

알겠습니다.

    너의 한 가지 일은 공부(수련)이니라. 그 외는 모두 그것을 위한 조건이니라.

123 자신의 일

　인간에게는 모두 자신의 일이 있다. 자신의 일은 어느 정도 본성이 맑아졌을 때 드러나게 되며, 자신의 일을 찾기까지는 다른 여러 가지 시행착오를 겪으며 자신의 일을 하기 위한 경험을 하도록 되어 있다.
　이 경험에서 자신의 일을 할 수 있는 수준에 올랐을 때는 자신의 일을 하게 되나, 이 경험에서 자신의 일을 찾지 못하였을 때는 계속 반복되는 '테스트'와 경험으로 이어지게 된다.
　자신의 일은 대개 직업과 일치하나 일치하지 않는 경우도 있는 바, 일치하지 않는 경우는 본업과 부업의 구분이 불확실하기 때문이다. 본업은 생계에 관한 일이요, 부업은 취미나 여가, 생계 보조에 관한 일이 되는바, 때로는 주변에서 큰 비중을 차지하지 않고 있는 일이 참수련으로 이끄는 경우도 있다.
　무엇보다 중요한 것은 자신의 일에 대하여 현재의 처지에 연연하지 말고 자부심을 가져야 한다는 것이다. 신계의 명은 쉽게 내려

오는 것이 아니다. 자신의 일이 무엇인지는 본인이 알아야 한다. 계속 호흡으로 가라앉혀 자신의 길이 찾아질 수 있도록 하라.

알겠습니다.
    자신의 길을 찾아야 한다.

124

하늘은 항상 맑다

하늘은 항상 맑다. 인간이 보기에 흐렸다 개었다 하는 것일 뿐, 하늘은 항상 맑게 개어 있는 것이다. 인간의 마음도 이와 같아 평상시의 상태하에서는 흐렸다, 맑았다 하지만 어느 정도의 수련으로 자신의 위치를 찾으면 언제나 맑은 상태를 유지할 수 있는 것이다.

언제나 맑기는 어려우나, 수련하는 시간만이라도 맑은 경우는 이미 맑기 시작한 경우로서, 이 단계에서는 평소의 맑음과는 약간 비교가 되는 맑음을 경험하게 될 것이다.

인간으로서 투시나 기타 초능력을 가지게 되는 것은 마음이 맑은 경우에 되는 경우와 개인적인 욕심으로 열리는 경우가 있는바, 마음이 맑은 후 생기는 초능력이 아닌 상태하에서는 금방 그 효과가 사라져 사실상 별로 사용키 어려운 것으로 그치게 된다.

마음은 항상 맑게 유지되어야 하며 그 맑음이 흘러넘쳐 주변을 적실 수 있어야 한다. 이 맑음은 언제나 모든 사람의 고민까지도 함께 모아 거두어 갈 수 있는 맑음이 될 것이다. 신체와 마음이 함께 맑을 수 있는 것은 그 자체가 수련의 가장 중요한 과정이니라.

알겠습니다.

　　항상 맑게 간직할 수 있도록 해라.

125 천벌이란

이 세상이 공평한 듯싶어도 공평하지 않고, 공평하지 않은 듯싶어도 공평한 것은 모두 하늘이 있기 때문이다. 인간이 본분에서 어긋나 자신의 일을 행하지 못하면 그것이 천도에서 벗어난 것으로 천벌의 대상이 되는 것이요, 다소 자신의 길에서 어긋난 듯싶어도 자신의 일을 행하고 있으면 용서의 기회가 주어지는 것이다.

하늘은 인간이 자신의 일을 하고 있는 한 끝까지 기회를 주고 지켜보지만, 자신의 일을 하지 않거나 하지 못하게 되면 곧바로 나무람이 있게 되는 것이다.

하늘의 나무람은 여러 번에 걸쳐 알아들을 수 있는 기회를 줌으로써 본인이 알아챌 수 있으나, 통상적인 기회에 알아채지 못하면 비상식적인 방법으로 알 수 있도록 한다.

이런 방법이 3회 이상 내려가도 안 되면 하늘은 인간을 포기하는 경우가 있다. 하늘에 의해 포기당한 인간의 경우는 수련을 다시 한다고 해도 천 배 이상 힘든 고비를 넘겨야 하니, 사전에 하늘의 뜻에 따라 순리대로 길을 가는 지혜가 필요하다.

  하늘은 인간을 버리지 않으나 인간이 하늘을 버리는 경우가 있는 까닭이다. 하늘이 버리지 않을 때 인간이 하늘을 따라줌이 인간의 도리인 것이다.

알겠습니다.

  인간의 도리를 다하는 것이 하늘의 구함을 받는 길이다.

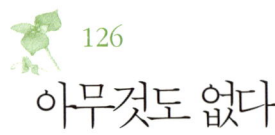

126
아무것도 없다

아무것도 없어도 좋다.
돈도 필요 없다.
사랑도 필요 없다.
아무것도 필요 없다.
언제든지 오면 된다.
오지 않아도 좋다.
모두 없어도 된다.
내 것도 없다.
나도 없다.
아무도 없다.
아무것도 없다.
다 풀어라.
모두 풀어라.
하나도 남기지 말고 풀어라.

전부 풀어라.

인간의 모든 것.

하늘의 모든 것.

우주의 모든 것까지 모두 풀어라.

풀 것도 없다.

아무것도 없다.

없다.

없다…….

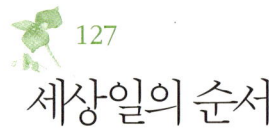

세상일의 순서

이 세상의 모든 일에는 순서가 있다. 아무리 바빠도 해야 할 일이 있고, 아무리 한가해도 하지 않아야 할 일이 있으며, 아무리 급해도 지켜야 할 절차는 지켜야 한다는 것이다.

모든 사람들이 순서를 바꾸어도 되는 것으로 생각하고 있으나 세상의 일은 그렇지 않다. 순서란 일의 흐름이요, 절차이자 또한 순리이기도 한 것이니, 이 순서는 반드시 지켜져야 하는 것이다.

이 순서의 첫 번째는 수련 선배의 일이 먼저라는 것이요, 둘째는 연장자가 대접받아야 한다는 것이요, 셋째는 남자가 대접받아야 한다는 것이다.

속俗의 가치로 보면 귀한 것이 없으나, 높고 낮음이 아닌 서로 낮추는 가운데 참된 가치가 있음을 발견하게 되는 것이니, 그 중에서 참으로 지켜야 할 덕목을 발견하게 되는 것이다.

수련은 우리에게 방향을 제공하는 힘이며, 나이는 경험을 제시하는 힘이고, 남자는 양(+)을 제공하는 근본이니, 모두 지켜 얻음이 있는 것이다. 모두 순서를 따르면 혼란이 없고 혼란이 없음은 그 자체가 안정되어 있음이니라.

알겠습니다.

    순서다. 순서니라.

세상의 서열

　세상은 언제나 서열에 의해 움직인다. 이 서열은 순간 바뀔 수는 있어도 언제나 바뀌는 것은 아니며, 이 서열에 의해 결정된 문제는 근본적으로는 바뀌는 법이 없다.
　인간은 언제나 자신의 분수에 없는 욕심을 가지고 세상을 탐하므로 언제나 문제화의 소지를 가지고 있다. 이 욕심은 기존의 서열을 바꾸는 문제로서, 어떤 분야에서든지 서열을 바꾸고자 하는 시도가 욕심에 의하여 있게 되나, 어찌 욕심으로 바뀔 수 있는 것이겠는가.
　욕심으로는 한 발자국 가지만 수련으로는 천 보, 만 보를 나가는 것이며, 욕심으로는 부작용과 추태가 나타나지만, 수련은 각 방면에 있어 전혀 부작용이 없는 것이다.
　모든 것은 이유가 있고 그 이유에 의해 행동할 때 어떤 것이든 무리가 없게 된다. 욕심에 의해 행동할 때엔 그 이유에 무리가 따르게 된다. 인간의 욕심은 바로 쓰면 자신에게 더없이 이로울 수 있으나 잘못 사용하면 더없는 흉기가 되는 것이니, 항시 자신의 위치를 알고 노력하며 수련에 정진하면 그 보답이 있을 것이다.

알겠습니다.

  무리는 금물이니라.

129 우주는 마음

사람이 살아감에 평탄한 점만 있으면 재미가 없을 것이다. 수련도 평탄하게 진행이 되면 별 재미가 없을 것이다.

수련에서의 재미는 자신을 닦아내는 과정에서 크고 작은 일들이 생기므로 수련이 진전되고 있다는 것을 알아 나감에 있다.

수련은 한순간이나 짧은 기간의 공사가 아니고 인간의 일생을 투자하여 거두어들이는 공사이니만큼, 한순간 한순간이 대수롭지 않을 수 있으나, 모두 최선을 다한 순간순간이 쌓여 큰 결실로 나올 것을 요한다.

작은 순간순간을 놓치면 큰 것을 놓치는 것은 시간문제이나, 작은 것을 놓치지 않으면 큰 것은 절로 손아귀에 들어가 있게 되는 것이니, 아주 작은 일에서 자신의 것을 챙겨 실수가 없도록 해라.

우주는 마음이고 마음은 기이며 기는 눈으로는 보이지 않는 작은 것이니, 이 작은 것을 대수롭지 않게 봄으로 큰 것에 접근하고, 다시 큰 것을 작게 볼 줄 아는 눈이 열려야 하는 것이니, 이것이 즉 마음공부의 1단계인 것이니라.

알겠습니다.

작고도 큰 것 그것이 마음이니, 마음에서 찾아라.

130
천기 수련

하늘은 항상 살아 있다. 눈을 감은 듯해도 언제나 눈을 뜨고 있으며 수련자의 일거수일투족을 모두 체크하고 있다. 수련이 어느 정도에서 천기에 연결되면, 그 때부터는 천기 수련이며, 인간이 독자적인 길을 걷는 것이 아니다.

따라서 천기를 받는 만큼 인간으로서의 역할을 하여야 하는 것이다. 천기의 대가는 도덕적인 삶, 즉 인간의 도리를 다하며 사는 것이다. 하늘의 이치에 거스르지 않는 삶, 물이 흐르듯 자연스럽게 모든 사람의 사이에 섞여서 있는 듯 없는 듯하면서도, 한편에서는 그 흐름의 한가운데 서서 주도권을 행사하는 것, 이것이 수련생의 취할 태도인 것이다.

수련은 쉽지 않다. 특히 리더가 되기 위해서는 중간에 가까운 사고방식을 갖추어야 하므로 모든 점에서 균형 감각이 요구된다. 이 균형 감각은 모든 것을 가장 정확히 파악할 수 있는 가장 근본적인 힘이 되는 것이다.

어디에도 쏠리지 않는 중심의 위치는, 집중되지 않는 가운데 축으로서 모든 주변의 상황에 행동의 기준을 제시하게 되어야 한다. 내가 우주의 축이 될 수 있도록 하라. 다시 축으로 돌아갈 수 있도록 해라. 호흡이다.

알겠습니다.
　　마음의 평정으로 축의 위치를 찾아라.

131
집중이 가능한 마음

모두 한마음이어야 한다. 모두 한마음으로 가면 가고자 하는 곳에 훨씬 빨리 갈 수가 있다. 인간은 그 자체가 생각이 가능한 동물이므로, 이런저런 잡념이 더욱 혼란으로 몰아가기도 하고 더욱 집중이 되게 하기도 하나, 수련생에게 필요한 것은 이 집중을 가능케 하는 마음이다.

수련의 대열에 들어 이 집중을 가능케 하는 마음을 개발함으로써 인간은 우주화를 이룩할 수 있으나, 이 집중이 아무에게나 아무데서나 가능한 것이 아니므로, 때와 장소를 가려 사람을 선택하여 주어지게 되는 것이다.

인간은 마음이 한 가지로 통일되면 평소에 상상치 못했던 큰 우주를 맛본다. 이 큰 우주의 맛을 보는 것이 초기 우아일체이며, 이 단계를 넘어 점차 자신과 하나를 이루어 나가는 과정이 중기 우아일체이며, 일체를 이루어 낸 이후가 참된 우아일체가 되는 것이니라.

이 단계별 구분은 어떤 수련의 경우에나 동일하다. 참된 마음공부는 우주와의 일체를 추구하는 것이며 이 우아일체는 결국 나에게서 모든 방법을 찾아내는 것이어야 한다.

알겠습니다.
아我를 버려 우주에 들면 모든 것이 이루어지느니라.

132
마음이 맑으면 우주와 교신이 가능

사람의 일은 모두 결정되어 있다. 수련으로 변경되는 것을 제외하고는 자신의 의지가 작용할 수 있는 부분은 거의 없다고 할 수 있다. 자신의 의지가 작용할 수 있다면 그것은 수련을 할 수 있느냐에 관한 것일 뿐이며, 수련의 길에 들면 자신의 일이 변경되기 시작하는 것이다.

수련은 인간의 마음을 바꾸는 일이며, 이 세상의 중심으로 다가서게 하는 일이고, 이 세상의 중심이 되어 천하의 움직임을 한 손으로 들고 볼 수 있도록 하는 힘이다.

수련이 필요한 이유는, 인간이 곧 우주임에도 그 자신이 우주라는 사실을 깨닫지 못해 어둡고 긴 터널에서 빠져나오지 못하고 생을 마감하는 일을 계속하므로 발전의 가능성이 없기 때문이며, 가능성이 있는 소수의 인간이 수련으로 자신을 구제하고, 또 주변의 사람을 수련의 대열에 합류케 함으로써 좀 더 밝고 환한 광명 세계를 만들어 보고자 하는 데 있다.

인간의 마음은 그 자신이 맑아지기만 하면 바로 우주와 교신이 가능하며, 우주와 교신이 가능함으로 인하여 폭넓은 발전을 이룩할 수 있는 것이다. 수련은 모든 것의 시작이자 끝이다. 인간 개화의 첩경이자 본원이니라.

알겠습니다.

인간은 수련 이외의 방법으로는 깨일 수가 없는 것이니라.

133
수련으로 인도되기 위한 과정

　매일을 감사로 보내라. 나의 현재는 모두 나의 탓이며 나의 현재가 나의 미래를 만들어 간다. 나의 오늘은 더도 덜도 없이 나의 지난 일들의 연장선상에 있는 것이며 이 모든 것들은 수련으로 인도되기 위한 과정이었으니 오직 감사의 대상일 뿐인 것이다.
　이 세상은 하나도 거저 만들어진 것이 없다. 모두 물 흐르듯 움직여 가나, 그 자체가 인간이 치밀하게 구성한 각본에 의한 것 이상으로 정교하며, 하나의 연장선상에서 자신의 모든 과정을 겪어 나가게 되어 있다.
　이 과정에서 벗어나는 방법인 수련을 택할 수 있게 되는 것은, 그간의 과정이 비교적 순탄하게 엮이어 왔음을 말하는 것이다. 최상도 최하도 아닌 중상의 위치에서 수련 인연이 닿은 자는 자신이 노력하기만 하면 이 과정에서의 탈피가 가능하다.
　탈피한다고 해서 아무 일도 없는 것은 아니나, 인간으로 있을 때나 영계에 있을 때나 자각은 하나의 인격체로서 신의 반열에 들 수 있는 조건이 되는 것이니라.

알겠습니다.
    그간 잘해 왔다. 그렇게 하면 된다.

호흡으로 우주가 몸속으로 들어온다.
단전으로 들어온다. 호흡으로 몸이 바뀐다.
호흡으로 내가 바뀐다. 호흡으로 마음이 바뀐다.
호흡으로 우주가 바뀐다. 호흡으로 모두가 바뀐다.
호흡은 우주이다. 호흡은 모두이다. 호흡은 전부이다.
호흡은 나와 이 세상의 모든 것을 바꾼다.

134
우주와 교신이 가능한 인간

하늘은 사람을 기다리지 않는다. 사람은 하늘을 기다려도 하늘은 사람을 기다리는 법이 없는 것이다. 우주도 사람을 기다리지 않는다. 답답한 것은 사람이지, 하늘이나 우주가 아니다. 하늘이 기다리는 것은 수련을 하게 되는 것일 뿐이다.

하늘도 우주도 인간과 교신이 필요하다. 하늘이나 우주와 동격이 될 수 있는 자격은 인간만이 가지고 있으나, 그 인간이 모두 교신이 가능한 것이 아니므로 일부라도 하늘과 교신이 가능한 사람이 있어야 하는 것이다.

어느 별에 있든 인간임은 곧 수련이 가능할 수 있다는 표시이며, 그 사실은 인간으로 나기가 얼마나 어려운 것이며 중요한 것인가 하는 것을 가르쳐 준다.

인간이 수천, 수만 가지 인연이 있으나 수련이 가능한 것이 최상이요, 그 중에서도 득도를 하면 상중상이고, 득도를 하여 일체가 되었다면 더 이상 구할 것이 없는 것이다.

인간에서 수련에 인연이 닿은 것은 인간으로 태어난 것 이상의 행운이니라.

알겠습니다.

　열심히 하도록 해라. 기회다.

수련의 기회

 사람은 누구나 때가 있다. 그 때가 오지 않으면 아무리 노력해도 되지 않는 것이요, 그 때가 오면 약간의 노력으로도 결과를 이끌어 낼 수 있는 것이니 그 때를 일컬어 기회라고 한다.
 이 기회는 본인이 노력하지 않아도 오는 기회와 본인이 노력해야 오는 기회가 있는바, 수련으로 인한 기회는 초기에는 전자이나 뒤에는 후자가 된다. 따라서 처음에는 우연히 찾아오나 나중에는 본인의 노력으로 성취해야 하는 것이 이 수련이다.
 수련이 가능하고 어느 정도 성취를 이루기 위하여는 자신이 어느 정도 맑아야 할 필요가 있다. 그 맑음이 본성과 비슷하게 맑아야 하며, 속(俗)에서 단순히 생각이 미치지 못해 순진한 것과는 달라야 한다.
 영민하고 바로 볼 수 있는 능력이 있으면서 맑을 때, 수련으로 본성에 다가설 수 있는 것이다. 수련은 흐린 상태에서는 절대 오지 않으며, 와도 받을 수가 없으나, 인간의 기분이 변화하는 것은 또한 다른 면이 있는 것이다.

  언제나 본성과 연결이 가하게 되면, 기분의 변화가 자신에게 미치는 영향은 상당히 줄어들게 되고, 본성과 자신의 노력으로 평정을 유지하며 나가게 된다.

알겠습니다.

  이제 기분에 좌우되는 일은 없도록 하여라.

그리하도록 하겠습니다.

136
새벽 기도

새벽 기도가 좋은 이유는 기가 맑기 때문이다. 하늘은 항상 하루의 시작을 맑은 기운으로 하도록 한다.

아침에 맑은 공기로 호흡을 하고 수련에 들면 정신을 맑게 하기가 한결 쉬우니, 아침 수련을 일상화함은 일정 단계에 올라 수련이 안정기에 들었을 때 가하다.

그렇지 않으면 저녁이나 아침이나 동일한 효과를 가져올 것이나 수련이 진전됨에 따라 점차 아침 시간대로 바뀌게 될 것이다. 수련 시간이 정해져 있는 것은 아니나 리듬은 아침 시간대가 된다는 뜻이다.

아침 수련은 하루 종일 수련의 기운이 지속되도록 하는 데 도움이 된다. 아침의 깊은 집중은 온몸을 정갈히 하고 맑은 정신으로 하루를 보내는 데 상당한 도움이 될 것이다. 매일 아침을 수련으로 보내도록 하라.

알겠습니다.
　아침은 우주에서도 열리는 시간이며, 기운이 들어오는 시간이고 모든 것이 시작되는 시간이니, 생동하는 에너지를 받아 하루를 이끌려면 아침에 수련을 하는 것이 좋을 것이다.

 137
수련에서 실마리가 풀리면

    수련은 모든 것에 앞서는 과제이다. 수련이 없이 다른 것을 한다고 하는 것은, 이미 이 길에 든 사람의 경우에는 불가능이라고 할 수밖에 없다. 수련은 어떤 중대사를 제외하고도 시행해야 할 절대가치이며 어떤 일이든 이 수련에서 실마리를 풀어야 한다.
    수련에서 실마리가 풀리면 끝까지 풀린다. 인생의 과제는 일시적이요, 수련의 과제는 영원의 문제이다. 영원은 우주이며 우주는 나이다. 나의 과제보다 더 절박한 과제는 없다.
    속俗에서 인간으로 있으면서 지니는 직책은 나의 포장지일 뿐이며 그 내용은 아니다. 내가 완성되고 그 포장지가 근사해야 사람은 누구에게 말을 할 수 있다. 이미 내용은 있으므로 근거 있는 말을 하기 위하여 그 포장지가 근사해야 하는 것이다.
    마음공부는 마음공부를 해본 사람만이 안다. 너무 여러 사람에게 전하려 애쓸 필요도 없고 주어서도 안 되는 것이며, 이제껏 네가 받은 것을 주어야 할 수련생들을 만났으므로 이제 그들의 일만

남아 있는 것이다.

알겠습니다.
    수련으로 풀라.

138
수련은 사후세계의 보장

사람은 항상 한결같아야 한다. 잘해준다고 해서 변하지도, 못해준다고 해서 변하지도 않는 한결같은 마음이어야 한다.

인간이 원래 한결같을 수 없음은 하늘 아래 정신세계가 있기 때문이었으나, 하늘 위로 정신세계를 끌어 올리면 언제나 주변의 영향을 받지 않을 수 있다.

주변의 영향은 정신적으로 미성숙 단계에서 나타나는 현상인 것이다. 인간이 인간으로 태어나 인간 이상일 수 있는 것은 정신세계에 진입하여 큰 발전을 이룩할 수 있음이며, 그로 인하여 신격화가 가능한 탓이다.

신격화가 된 후 신 중에서도 상신인 본우주가 되기 위해 노력해야 하는바, 인간으로 있으면서 신격을 갖추어야 무한한 발전이 가능한 것이며, 신화된 후 다시 승격하기에는 어려운 점이 있다. 신계의 질서도 천여 등급이 있는바, 인간으로 있으면서 수련한 내용이 가장 결정적인 근거가 되는 것이니라.

수련은 사후세계, 즉 우리의 본래 자리에 대한 영원한 보장이니라.

알겠습니다.

　중요성을 알아라.

139
호흡 게송

호흡으로 우주가 몸속으로 들어온다.
단전으로 들어온다.
호흡으로 몸이 바뀐다.
호흡으로 내가 바뀐다.
호흡으로 마음이 바뀐다.
호흡으로 우주가 바뀐다.
호흡으로 모두가 바뀐다.
호흡은 우주이다.
호흡은 모두이다.
호흡은 전부이다.
호흡은 나와 이 세상의 모든 것을 바꾼다.
호흡은 모든 것을 바꾼다.
호흡으로 가능하다.
호흡으로 모든 것이 살아나고 모든 것이 죽는다.

호흡은 천지이다.

호흡은 우주이다.

호흡에서 만물이 생기고 호흡에서 만물이 사라진다.

호흡에서 시작된 번뇌는 호흡에서만이 사라질 수 있다.

호흡으로 풀어라.

호흡만이 가능하다.

호흡만이 가능하다.

호흡만이 모든 것을 이룩할 수 있다.

호흡만이 모든 것을 이룩할 수 있다.

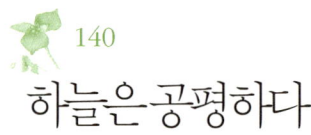

140 하늘은 공평하다

하늘은 공평하다. 잘하면 상이 가고 못하면 벌이 오는 이치도 하늘의 것이요, 크든 작든 자신이 가꾼 대로 받는 것도 모두 하늘의 이치이다. 하늘의 이치는 뿌린 대로 거두는 것이요, 노력한 만큼 내 것이 되는 것이다.

물物에 관한 내 것은 한갓 헛된 것이요, 심心에 관한 내 것은 참된 내 것이니, 모든 것은 마음에서 생기고 마음에서 사라져가는 것이다. 내 마음에 있으면 있고 내 마음에 없으면 없는 것이니, 내 마음에서 버릴 것은 버리고 내 마음에서 구할 것은 구해서 참된 내 마음을 만들어 가는 것, 이것이 수련의 길이다.

내 마음이라고 모두 내 마음이 아니요, 내 것이라고 모두 내 것이 아니니, 진실로 내 것이라고 할 수 있는 것에서 나의 것을 확인해 나가는 것이 필요한 것이니라. 진정 내 것은 깊고 넓은 것이며 얕고 좁은 데 있는 것이 아니니, 모든 것이 이해되고 받아들여지는 넓음이 있는 것이니라.

한때의 분노와 격정과 힘겨움, 즐거움 등이 모두 모여 하나로 재편되는 곳, 그곳이 또한 하늘이기도 한 것이며 이 하늘이 나의 것이 되는 방법은 호흡인 것이니라.

알겠습니다.

　　호흡이다. 호흡이니라.

일체 유심조

  수련의 길은 서두른다고 되는 것은 아니다. 수련은 때가 되어야 되는 것이 그 기본이요, 때가 되지 않아도 앞당겨야 하거나 뒤로 미루는 것은 그 둘째인 것이다.
  모든 것은 때가 되어야 가능토록 되어 있는 것이며, 그 때가 되기 전에나 후에는 무엇이든 아무 소용이 없게 되고 마는 까닭이다. 인간은 특히 그 때가 중요하다.
  출생 이후 깨달음의 길에 진입하면서 모든 것은 그것 하나로 결집이 되도록 되어 있으며, 그것 하나로 결집이 되기 위하여 정리되어야 한다. 정리된다는 것은 버린다는 뜻보다는, 그것 하나로 통합되어 모든 것이 그 하나로 된다는 뜻인 것이다.
  내 밖에 있는 것을 정리하여 내 안에서 찾아내는 것이다. 밖에 있는 것도 원래 내 안에 있던 것이니, 내 마음에 없으면 모두에게 없는 것이며, 내 마음에 있으면 모두 있는 것이니라.
  일체 유심조는 수련생이 어느 정도의 단계에 도달하였을 때 그 의미를 알 수 있는 것이며, 4, 5회 이상 깊은 말의 의미를 새롭게 깨달아야 본래의 의미에 접근할 수 있는 것이니라.

알겠습니다.

142
정성은 우주를 움직이는 힘

정성이다. 정성의 부족은 무엇으로도 만회가 안 된다. 정성은 매사의 가장 근본적인 것이며 정성으로 밀면 안 되는 것이 없으나 정성이 부족하면 되는 일도 없다.

정성은 우주를 움직이는 근본 힘이자 모든 일을 이루어내는 원동력인 것이다. 정성으로 시작한 공부는 정성으로 끝까지 밀어붙여야 하며, 정성으로 밀다가 중간에서 멈추면 대체가 가능한 것이 없다.

정성은 우주 그 자체이며 본질이니 정성을 득하면 모두 얻은 것이요, 정성을 모르면 모두 잃은 것이다. 정성은 매사에 근본이 되어 천상천하를 움직이며 그 어느 것에도 해당되지 않는 부분이 없으니, 모두 정성으로 시작하고 정성으로 마무리하여 오직 일체가 되게 하라.

정성은 하늘을 감동시키는 힘이며 우주에 동화되는 힘이다. 정성으로 매사에 덤비면 안 되는 것이 없으니 정성으로 밀어 보도록 해라. 인간은 자신의 정성의 10% 이내를 사용하고 가는바, 이 정성을 30%만 사용해도 인간이 원하는 일은 모두 이룩할 수 있는 것이니라. 정성이다. 정성이니라.

알겠습니다.
    정성이니라.

143
인간의 미래

인간의 미래는 예측이 가능한 것인지요?

가능하다. 이제껏 살아온 것으로 앞을 내다보는 것이 가능하고 기적氣的으로 정해져 있는 방향으로 나가는 것이므로 역시 가능하다. 허나 인간이 자신에게 닥쳐오는 일을 풀어나가는 것은 그 자체가 공부이며, 알고 풀면 모르고 풀었을 때보다 그 가치가 떨어지는 것이니, 알고 풀어서 자신에게 손해가 가도록 할 필요는 없다.

정심으로 대하면 무엇이든 풀어지지 않는 문제가 없으나, 사심으로 대하면 제대로 풀리는 것이 없을 것이다. 인간은 그 자체가 우주이다. 이 우주를 어떻게 이용하느냐에 따라 인간은 그 존재가 없는 것이나 마찬가지가 되기도 하고 그 자신이 우주가 되기도 한다.

인간의 미래는 내다보지 않는 것이 좋다. 어떤 식으로 내다보아도 그 정확도는 30% 이상을 넘지 않을 것이다. 인간의 마음은 곧 우주라, 그 안에 수천억의 변수가 작용하므로 그런 부분에 관한 한 신神도 별 도움이 되지 않는다. 우주만이 알고 있는 것을 인간이 알아내기엔 무리가 따르는 것이다.

알겠습니다.

　　무리해서 알려고 할 필요 없다.

144
모든 것을 바로 보는 것

하늘은 쉽게 변하는 법이 없다. 흐린 것 같아도 맑고 맑은 것 같아도 흐리며, 비 오는 것 같아도 맑고 바람이 불어도 그렇지 않은 경우가 있는 것은, 그 본질이 하나임을 말해주는 것이다.

그 하나란 하늘의 뒤에 있는 우주이다. 우주가 뒤에 있으므로 하늘은 언제나 자신의 모습을 가질 수 있는 것이다. 인간도 수련이 있으므로 항상 자신을 하나로 가꾸어 갈 수 있다.

수련은 인간에게 항상 중심을 잡고 설 수 있는 마음의 근본을 제공하므로, 언제 어디에서나 자신의 길을 찾고 나아갈 수 있는 지침을 내려주는 것이다.

수련은 단지 호흡인 것 같으나 그 호흡을 통한 모든 것에의 접근이요, 모든 것을 내 것으로 하는 것이며, 천상천하와 하나를 이루어 흔들림이 없는 관점을 갖는 것이니, 이 관점이 정해지고 나면 모든 것이 바로 보이는 것이니라.

모든 것을 바로 보는 것은 또한 새로운 도약의 기반이 되는 것이니, 수련의 중반기는 이 바로 보는 데서 시작되는 것이니라.

알겠습니다.

    판단의 주체는 바로 선 자신이다. 자신이 없고서는 아무것도 할 수 없느니라.

145
인생을 적극적으로 운용하라

사람은 모두 똑같다. 다만 자기 자신을 이용하는 방법이 달라 그 결과가 다르게 나올 뿐이다. 인간은 모두 같은 구조에 같은 여건으로 태어났으나, 자신을 어떻게 사용하느냐에 따라 천차만별의 결과가 나온다.

이 결과는 결국 자신에게 귀속되나 타인에게도 전가되므로, 자신을 타에게 피해가 가지 않도록 운영하는 것은 우선 수련의 근본적인 조건 중의 하나이며, 마음이 흐르는 대로 받아들이고 또 주는 것 또한 자연스런 것이다.

자신의 마음이 다른 곳으로 흐르지 않도록 미리 방비하되, 굳이 다른 곳으로 흘렀을 경우에는 정공법으로 막지 않고 우회적으로 막아 돌려 다른 길을 여는 방법도 있다.

정면 방어는 기존의 길에서 벗어나지 않으나, 우회 방어는 길이 바뀌는 차이가 있으니, 가급적 자신의 길을 견지하는 것이 큰 흔들림 없이 속히 안정을 찾는 방법이 될 것이다.

사람의 일생을 소극적으로 바라보지 말고 적극적으로 운용하여 수련에 긍정적인 환경을 조성하는 것은 보다 진일보한 의지의 소산으로 바람직스러운 것이니라.

알겠습니다.
    네 인생을 적극적으로 운용하라.

146
사람은 항상 같아야

사람은 항상 같아야 한다. 생각과 행동이 같아야 하고 과거와 미래가 같아야 하며 오늘과 내일이 같아야 한다.

발전의 과정에서 변하는 것은 변하는 것이 아니며, 오늘과 내일의 근본적인 생각이 바뀌는 것이 변하는 것이며, 상대를 바라보는 위치가 바뀌는 것이다.

모든 것은 같은 것이며, 내가 변화하더라도 상대에 대해서는 항상 같은 태도로 대하는 것, 이것이 변치 않는 것이며 항상 같은 것이다.

사람이 변하면 안 되는 이유는, 변함으로써 자신의 위치를 벗어나는 것이 되고, 자신이 바라보아야 할 곳에서 상대를 보지 못하므로 정확히 파악이 안 되고, 정확히 파악이 안 되므로 상대를 대하는 나의 태도에 허점이 생기게 되어 실수가 생기는 것이며, 그 실수는 연달아 실수를 불러오므로 바람직한 결과를 이끌어 내는 데 별로 이롭지 못한 원인으로 작용하게 되는 것이기 때문이다.

언제나 같은 위치에서 같은 사고방식으로 상대방을 대하고, 상대의 이야기를 들으며, 상대의 약점을 보완해주고, 상대의 강점을 세워주는 방향으로 나가는 것이 가장 옳은 방법이 되는 것이다. 언제나 변치 않는 위치를 다시 확인하라.

알겠습니다.

현재까지는 잘 지켜왔다. 계속 고수하라.

147
모르게 도와라

  항상 모든 일은 자신의 책임이다. 자신의 책임의 범위에서 벗어나는 일은 없으며 나와 관계되는 일은 모두 자신의 범위에 있다. 내가 확인하고 챙기면 이상 없게 되는 것이요, 내가 방치하고 돌보지 않으면 버려지게 되는 것이다.
  버려진 것들은 후에 업보로 돌아오는 경우가 있다. 나와 유관한 것들은 모두 철저히 확인하여 그 범위 내에서 이상이 없도록 확인하고 또 확인하여야 한다.
  세상의 일은 언제나 가능한 것이 있다. 가능한 범위 내에서 이해가 되나 불가한 범위 내에서는 이해가 되지 않는다. 인간의 힘은 한정되어 있으며 그 한정된 범위 내에서는 모든 것이 가능하다.
  범위 밖의 일에 대하여는 타의 도움이 필요한 경우도 있는바, 타의 도움이 필요한 것은 도움을 받아도 가하다. 도움이 가하다 함은 이제껏 쌓아온 경우와 지금 쌓으며 바꾸는 경우가 있다. 빚은 갚고 도움은 주되, 상대에게 빚이 되지 않는 도움을 주어야 한다.

상대에게 빚이 되지 않는 도움은 상대가 모르게 도와주는 것이다. 상대가 알면 빚이 되는 것이니 상대가 모르도록 도와주는 것이 좋다.

알겠습니다.
  모르게 도와라.

148
힘이 있어야

　힘(기)은 수련으로 장애물을 제거함에 절대 필요한 요소이다. 힘이 있는 한 어떤 것도 깨고 나갈 수 있으나 힘이 없으면 성냥개비 하나에도 넘어지고 만다. 힘은 이 우주를 움직이는 근본이며 발전의 원동력인 것이다.

　힘이 없으면 수련으로 어떤 결과를 이끌어 내기가 불가하며, 힘이 있으면 자신이 원하는 어떠한 결과라도 이끌어 낼 수가 있는 것이다. 힘은 세상 만물의 근본이며 어떠한 것도 따를 수 없는 미묘한 감각의 원천인 것이다.

　인간은 이 감각을 지님으로 인하여 수련이 가하다. 인간의 감각은 잘 발달시킴에 따라 우주의 본질을 읽어낼 수 있기 때문이다. 우주의 본질은 인간의 마음이고 인간의 마음이 우주의 본질이나, 인간은 스스로 욕심의 구렁텅이에 빠져 자신의 모습조차도 보지 못하게 되었는바, 자신이 입고 있는 업의 껍질조차도 벗어 던질 힘이 없으면 벗어 던질 용기와 뜻도 없게 되고 마는 것이다.

수련으로 힘이 길러지면 저절로 벗겨져 나가기도 하나, 힘이 길러지지 않아도 본성이 드러나면 적은 힘으로 업의 허울을 벗을 수도 있는 것이다. 벗어야 한다.

알겠습니다.
  모두 허울이니라. 허울을 벗고 참으로 돌아오라.

수련에서는 재시도가 가하다

　사람의 일생은 모든 것이 한 번에 끝난다. 기회가 또 오는 것 같아도 그것은 다른 기회이지 그 전의 것이 아니며 기다린다고 그것이 다시 오는 것이 아닌 것이다. 모든 것은 한 번으로 기회가 지나가는 것이며 그 한 번으로 모두 평가받는 것이다.
　항상 자신에게 오는 기회는 자신에게만 해당되는 것이며, 이 기회에 최선을 다하지 않으면 영영 기회가 없는 때도 있는 것이다. 일생에 걸쳐 반복과 재시도가 가한 것은 수련에서뿐이다. 영원한 반복은 불가하되 과정에서 한두 번 정도의 재시도는 가능하다.
　사람은 모두 완전치는 않으므로 일상생활에서 작은 실수는 가능하다. 그 작은 실수가 실수로 끝나면 후에 별 영향이 없으나 고의가 개입되어 결과로 남을 경우 돌이키는 방법은 수련밖에 없다.
　언제나 자신을 이기는 방법은 수련뿐이며, 이 수련으로써만이 우리는 모든 문제를 해결할 수 있는 것이다.
　수련에서의 재시도는 일상생활에서의 실수까지도 거두어 처리

할 수 있는 힘이 있는 것이니라. 최선을 다하라.

알겠습니다.

  기회는 두 번이 아니나 수련에서는 양해 사항이니라.

진리와의 일치

    이 세상의 모든 것은 뜬구름이다. 허나 이 뜬구름은 우리를 훈련시키고 우주의 이치를 알게 하는 것들이며 우리는 이 존재들을 이용하여 우주와의 일치를 이루어 낼 수 있다.
    우주란 그 안에 인간의 길흉화복에 관한 근본 사념이 모두 들어 있으나, 씨앗의 형태로 저장되어 있으므로 하늘을 통하여 표명되지 않는 한 드러나지 않도록 되어 있다.
    인간 세상의 진리란 모두 그 뜻이 계속 변치 않는 내용들로 언제까지나 통용되는 것들이다. 이 진리를 하나하나 내것화함은 변치 않는 자신을 만들고 가꾸어 보다 큰 자신으로 다시 태어나자는 데 그 뜻이 있다.
    살아가면서 마주치는 모든 것들 중에 우리가 택해야 할 진리를 발견해내고, 그 발견한 것들을 나에 일치시키며, 그 일치된 부분을 늘려서 자신의 크기로 키우고, 그 이상으로 확대시켜 정성과 흔들리지 않음으로 동화된 자신이어야 한다.

하나하나의 진리가 모두 나와 일치를 이루어야 한다.

알겠습니다.

진리는 모두 하나 곧 우주의 말씀이니라.

151
작은 일이 역사를 만들어

 항상 작은 일에 감사하라. 주변에서 일어나는 큰일은 모두 의중에 있던 일이다. 사전에 깨달았든, 깨닫지 못했든 모두 의중에 있던 일이나, 사소한 일은 의중에 없던 일로서 이렇게 의중에 없던 일들이 쌓여 인간의 역사를 만든다.
 우연인 듯싶으나 결코 우연이 아니면서 인간을 형성해가는 이런 작은 일들은, 인간의 모든 행동으로 인한 결과에 초석이 되어 그 인간을 형성해 나간다. 큰 사건은 기억은 되나 영향은 사실상 크지 않은 반면, 작은 일은 기억도 되지 않는 가운데 인간을 형성해 나간다.
 그 인간은 바로 나다. 자신이 마음대로 할 수 없는 그 모든 부분에 대하여 이런 우연인 듯싶은 일들이 80%의 본인 의사를 형성하게 되는 것이다. 우연은 작은 것 같아도 큰 것이며 인위적인 일은 큰 것 같아도 작은 것이다.
 모든 면에서 다시 한 번 작은 일들에 감사하라. 작은 일들은 인간의 마음에서 나도 모르게 표현되는 것들이며, 그것들이 모여 내가 되는 것이다. 작은 일의 중요함을 알아라.

알겠습니다.

모두 작은 일들이 모여서 된 것이니라.

152
세상을 긍정적으로 이용해야

하늘은 사람을 버리는 일이 없다. 사람이 하늘을 버리는 일이 있을 뿐이다. 하늘은 사람을 창조하고 거두어오며, 하나하나에 모두 금생에 치러야 할 일들을 부과하고 그 임무를 완수한 후에 복귀하도록 하고 있는바, 인간이 이 굴레를 벗어날 수 있는 방법은 수련뿐이다.

인간은 수련으로 자신의 운명의 틀을 벗어나 보다 자유롭게 자신의 인생을 개척해 갈 수가 있는 것이다.

우주의 입장에서 보면 개개의 인간은 모두 동등한 역할로서 큰 차이가 없으나, 인간의 입장에서 볼 때 서로 차이가 나는 것으로 의식하는 것이다.

이 세상은 모두 하늘의 이치대로 짜여있어 버릴 것도 취할 것도 없으며 모두 그대로 돌아가게 되어 있으므로, 인간은 그저 있는 그대로 받아들이는 시각만으로도 자신의 해탈은 가능하다.

해탈은 운명에서의 탈피이다. 스스로 독립된 개체화함이 해탈이며, 해탈 이후 우주와 일체가 되는 과정이 있는 것이다. 이 세상을 있는 그대로 보되 긍정적으로 이용할 수 있도록 하라.

알겠습니다.

모든 것은 내 탓

언제나 모든 것은 내 탓이다. 내게 부족함이 있어 벌어지는 일이요, 내가 못나 생기는 것들이다. 나로 인한 것들이 내게 영향을 미치는 것은 당연하다.

내가 저지른 것이 타인에게 영향을 미치는 것보다 나에게로 영향을 미쳐 다른 일이 없는 것이 업을 쌓지 않는 방법이며 타에 빚이 없는 방법이다.

세상의 모든 것은 그냥 가고 그냥 오는 것이 없다. 모두 가는 것만큼 오는 것도 이유가 있는 것이며 그 이유는 타당하지 않은 것이 없다. 현재의 시점에서 일견 타당치 않은 듯 보여도 모두 내 탓이며 나로 인해 벌어진 일이니, 주변의 다른 곳에서 원인을 찾을 것이 아니라 나 자신에게서 원인을 찾으면 오히려 쉬울 것이다.

우주의 털끝 하나도 이유 없는 것이 없으며 인간의 편협한 사고방식이 아닌 한 모두 정당한 것이다.

인간만이 삿된 생각과 아울러 정의 방향으로도 생각이 발전할 수 있도록 되어 있느니라. 모두 내 탓이다.

알겠습니다.

    내게서 원인도 결과도 모두 나오는 것이니 내게서 찾아라.

154
자신에게 원인이 있다

　모든 것은 자신에게 원인이 있다. 자신의 내부에서 원인을 찾고 결과도 자신에게 귀속되는 것이 가장 바람직하다. 하나하나의 모든 것들이 내게 원인이 있지 않은 것이 없으며 나로 말미암아 비롯되지 않은 것이 없다.
　결과에 대한 책임은 원인에 의해 지워지는 것이며 과정에서의 책임도 원인에 의해 지워지는 것이다. 원인은 모두 나에게서 비롯되는 것이며 나로 말미암은 결과 역시 나에게로 귀속되는 것이니, 그 결과란 반드시 끝에 가서 나타나는 것이 아니라 매순간에 내게 나타나는 것이 또한 결과이기도 한 것이다.
　나의 현재는 항상 결과의 연속이며 그 결과는 원인도 과정도 되는 것이니, 언제나 자신을 돌아보아 스스로 챙김에 부족함이 없도록 하라.

알겠습니다.

아직 스승이기에는 부족하니라. 수련을 더 한 후 자신의 길을 감이 옳다. 선생은 도처에 널려 있는 것이니 잘해 준다고 선생이고 못해 준다고 아니라는 생각이 없다면 아무 데서고 만날 수는 있는 것이다. 호흡이다.

텔레파시가 가능한 인류

 사람은 항상 자신을 알아야 한다. 자신의 위치를 알고 자신의 능력을 알며 자신의 한계를 알아야 한다. 자신이 가능한 것이 있고 자신의 힘으로는 불가한 것이 있으며, 어느 정도 가능한 것이 있다.

 가급적 타인의 도움은 안 받는 것이 좋으며, 받으면 그 자체로서 업이 되는 경우가 있으나 스승이나 도반의 경우는 업이 되지 않는다. 이미 한 울타리에 있으므로 네 것이나 내 것이나 별 구별이 없는 까닭이다.

 도반이라 함은 참도반으로서, 수련의 길을 가는 모두가 아닌, 진심으로 자신의 속을 털어놓을 수 있는 사람을 말한다. 말하고 안 하고의 차이는 상당히 중요하다. 우주의 전 인류를 통틀어 말로써 의사를 전달하는 종류는 대략 60% 정도이다.

 그 이상은 텔레파시로써만 교신하는 경우와 행동으로써만 보여주는 부류가 있는바, 텔레파시 교신은 상위 6~7% 이내라고 할 수 있으며, 전적으로 텔레파시만 사용하는 경우는 1~2%이고, 나머지는 일부를 사용하는 경우이다. 도반과는 터놓고 지냄이 좋다. 어떤 것일지라도…….

알겠습니다.

156 수련은 가볍지 않다

수련은 결코 가볍지 않다. 수련이 가볍지 않은 이유는 수련이 무거워서가 아니라 수련으로 덜어내거나 뚫고나가야 할 관문 등이 만만치 않기 때문이다.

수련은 모든 것을 초월하고자 또 모든 것을 얻고자 하는 것이며, 모든 것을 얻어서 초월하는 경우와 모든 것을 잃어서 초월하는 경우가 있는바, 과정에 따라 두 가지 방법이 모두 사용되기도 한다.

이런 과정에서 극한의 자기혐오에 빠지기도 하고 자기 자신에 대해 객관적으로 분석해 보기도 하는 등 여러 가지 상황에 처하게 되나, 모두 벗거나 입는 것들로서 결코 가볍지 않다. 모든 것을 가벼이 생각하는 자세만이 쉽게 넘길 수 있도록 해줄 것이다.

각자가 넘어야 할 산이 다르고 건너야 할 강이 다르다. 바래다줄 도반은 같아도 경로가 다르니 매사에 나의 방식을 유념해야 할 때도 있는 것이다.

반드시 선배와 같은 길은 아니며 언젠가는 '나의 길'(독자 수련이 가능한 상태에 다다름을 일컫는 말)로 들어가는 것이나, 나의 길에 들어설 때까지는 마음을 잡는 것이 좋다.

알겠습니다.

157 자신에게 감사

　항상 자신에게 감사하라. 자신을 이만큼 키워준 것은 자신이다. 모든 것이 자신에 근거하여 이런 성장을 할 수 있었으며 자신의 노력으로 이렇게 성장한 것이다.
　삶의 과정에서 내가 받는 것 역시 자신의 몫이며 성취하는 것 역시 자신의 몫인 것이다.
　허나 언제나 나 이외의 모든 것, 즉 우주에 대한 감사하는 마음을 잊는다면 그간의 모든 공로는 수포로 돌아가고 만다. 모두 나로 인한 것이되 나 이외의 한낱 미물에게도 감사하는 마음이 있을 때 나 자신이 빛날 수 있는 것이다.
　이 세상은 만만치 않다. 하지만 나에 대한 확신이 있는 한 모든 것은 해결이 가능하다. 나에 대한 확신은 주변 모두에게로 확산되어 자신의 확신을 뒷받침해 주기 때문이다.
　자신에게 확신을 가지고 그로 인해 어떤 결실을 이루고 그 결실에 감사하는 것은 일련의 과정으로서 점차 자신을 키워가는 가장 튼튼한 방법인 것이니라. 나는 절대 가치이다.

알겠습니다.

모든 것이 있어도 '나'가 없으면 소용없느니라.

복을 짓는 일

　복이란 예상치 않았던 얻음으로서, 일견 노력 없는 소득인 것 같으나 세상에는 자신이 노력하지 않은 소득은 없다. 언제 어느 때고 자신이 받기 위해 미리미리 준비하고 있던 것들이지 어찌 노력 없이 이루어지는 것들이 있을 수 있겠는가?
　복을 받았다는 것은 그 자체가 미리 복을 받을 일을 많이 해왔다는 것을 뜻하는 것이기도 하다. 설령 아무것도 안 하고 받은 듯 보여도 언젠가 자신이 치렀던 것에 대해 돌려받는 것일 뿐 그 이상도 그 이하도 아닌 것이다.
　인간은 보통 노력 없이 얻는 것을 바라는 심정이 있으나 어떤 것도 자신의 노력 없이 이루어지는 것은 없다. 타인의 도움이 있어 이루어지더라도 그 역시 그 사람의 도움을 받을 만한 노력을 전에 하였음을 뜻하는 것이다.
　사람의 일생은 짧아도 그 안에서 행할 수 있는 일 중에 가장 보람 있는 것이 복을 짓는 일이다. 그저 남을 돕고 편하게 해주는 것은 복을 짓는 가장 좋은 일이다.

알겠습니다.
 그저 돕고 사는 것이 좋다.

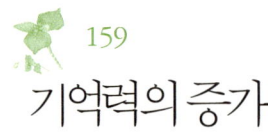

159
기억력의 증가

기억력을 증가시키는 방법은 없는지요?

있다. 자신을 믿는 방법이다. 기억력은 자신에 대한 확신으로 강화될 수 있다. 아무렇게나 갖는 확신이 아닌 암기에 대한 확신이다. 사람의 두뇌는 일정 수의 세포로 구성되어 그 이상의 용량이 필요 없게 되어 있다.

아무리 많은 수가 교체되어도 계속 평생을 사용하고도 남을 수 있는 양이 들어 있는 것이다. 이 뇌 세포에 활력을 주는 방법은 자신이다. 자신감으로 우리는 뇌 세포를 강화시키고 이것에 힘을 불어넣어 내 것으로 만들 수 있다.

인간은 자신의 능력의 유한성으로 인하여 두뇌의 80% 이상을 사용하지 못한다. 이 부분의 사용 방법은 집념이다. 마음을 모아서 이 안으로 깨고 들어가면 무궁한 양의 뇌 세포가 사용 가능하다. 개발하기에 달린 것이니라. 점차 나아질 것이다. 호흡이다. 호흡으로 깨는 것이다.

충전 시는 충전만을

본성과의 만남 전후

    모든 것으로부터 떠나라. 마음이 무거울 때는 이 세상의 모든 것을 두고 하늘로 올라서 한 번쯤 편하게 있어 보는 방법도 있다. 속의 무게는 육신을 지니고 있는 한 결코 가볍게만 느껴지는 것은 아니나 필요 이상으로 무거워서도 안 된다.
    속의 일들은 모두 당장은 크게 느껴지나 작은 일들이다. 모든 것이 뜻에서 벗어난다고 생각이 되더라도 다 큰길 안에 있는 것이니 실수 없이 가고 있다고 생각하면 마음이 편할 것이다.
    하루하루가 멀고 고단할 때는 그런대로 견디는 법도 있으며, 이제껏 몰아쳐 온 후유증이 나타나는 것이니 무리는 없도록 함도 좋다. 쉰다 함은 명실 공히 쉬는 것이 되어야 하며 쉬는 도중에도 계속 일을 잡아, 쉬는 효과가 반감되도록 하면 쉬는 의미마저도 없어진다.
    쉴 때는 매사를 잊고 쉬도록 해라. 쉬는 것은 시간의 낭비가 아니라 새로운 것을 향한 충전의 시간이다.

충전 시에는 충전에만 주력하도록 하라.

알겠습니다.
충전은 그 자체가 새로운 힘을 받아들이는 것으로서 수련의 다른 형태이다.

차례

1권 • 본성과의 만남 전후

1. 우주에 대하여
2. 남자와 여자
3. 효과적인 수련 방법
4. 바른 삶
5. 한 해를 보내는 마음
6. 한 해를 시작하는 마음
7. 혼 1
8. 실천
9. 기회란
10. 잘난 여자들이 짝이 없는 이유
11. 산은 산, 물은 물
12. 혼 2
13. 수련의 집중 시간
14. 마음이 흔들리는 것
15. 남녀 관계
16. 번뇌 1
17. 번뇌 2
18. 체력 관리 1
19. 번뇌 3
20. 번뇌 4
21. 수련의 목적
22. 깨달음
23. 수련의 방법
24. 나라의 운명
25. 인간의 삶
26. 인간 세상의 일
27. 호흡 1
28. 호흡 2
29. 호흡 3
30. 천서 공부
31. 체력 관리 2
32. 호흡 4
33. 혼 3
34. 수련 1
35. 호흡 5
36. 수련의 중요성
37. 유혹 1
38. 슬픈 기쁨, 나쁜 기쁨
39. 얻음과 버림
40. 휴일 없는 수련
41. 답답할 때의 호흡
42. 정심正心
43. 진리의 행行
44. 44회 생일
45. 호흡 6
46. 수련의 기회
47. 호흡과 의식
48. 한결같은 마음
49. 바르게 살라
50. 종교
51. 도의 길
52. 초가 인가
53. 흔들리지 말아라
54. 정심의 실체는 고행
55. 무리는 금물
56. 타인을 돕는 길
57. 광명은 무심
58. 혼 4
59. 수련은 과정
60. 혼 5
61. 격은 스스로 높여라
62. 대인 관계
63. 유혹 2
64. 도반
65. 천계의 호흡
66. 몸과 마음은 수련을 위해서만
67. 호흡은 부드러워야
68. 만물은 호흡
69. 우주 호흡
70. 마음의 조절
71. 고비와 무리

321

72 | 남녀의 수련과정
73 | 중심을 잡아라
74 | 깨달음은 자연스런 일
75 | 천천히 하라
76 | 대우주는 무無이다
77 | 수련 인연은 가장 큰 축복
78 | 희생하라
79 | 확신을 가져라
80 | 자신으로 갈 수 있는 범위
81 | 주체는 자신
82 | 감정은 천지조화
83 | 가족 문제는 시련
84 | 자신은 원동력
85 | 천계의 부모
86 | 독립 준비
87 | 우주는 생물체
88 | 수련 인연은 천연天緣
89 | 노력해라
90 | 힘겨움
91 | 말을 조심하라
92 | 기는 곧 의지
93 | 강자의 윤리
94 | 긴장하라
95 | 확신과 자만
96 | 마음을 움직일 수 있어야
97 | 사람이란
98 | 도리와 인내
99 | 아침에 달렸다
100 | 사람의 하루
101 | 불필요한 만남
102 | 의지는 운명의 변수
103 | 선善의 확장
104 | 원인보다 결과가 중요
105 | 물物은 인간을 위해 존재
106 | 물物에서의 해탈
107 | 수련 중이라는 사실
108 | 작은 일에 소홀하지 말아라
109 | 고행이란
110 | 갈등의 원인은 자신
111 | 급한 것을 뒤로 돌려야

112 | 극선極善도 나쁘다
113 | 일정한 태도를 유지해야
114 | 천명天命이란
115 | 우주는 내부에 있다
116 | 모든 것은 새롭다
117 | 몸에도 의사가 있다
118 | 충격 요법
119 | 상상도 주의하라
120 | 가족 관계
121 | 호흡은 만물의 생성 원인
122 | 생각을 버려야
123 | 공부란 공空으로 채워
124 | 혼자 있는 시간
125 | 칭찬
126 | 성性
127 | 현재의 나를 버리면
128 | 일체 유심조
129 | 마음의 벽
130 | 도는 가까이에
131 | 뒤를 보지 말아라
132 | 집중은 돌파력
133 | 환경은 나의 다른 표현
134 | 작은 것이 중요
135 | 마음이 맑아야
136 | 수련은 모든 것의 자동화
137 | 인내
138 | 해탈 직전은 환희
139 | 즐거움은 힘
140 | 수련은 인내
141 | 언제나 큰 것은 없다
142 | 나는 위대하다
143 | 잡념은
144 | 선계善界와 악계
145 | 매사가 수련
146 | 아침 수련
147 | 수련이 무거우면 초보
148 | 평온은 파워이다
149 | 호흡의 뒤는 절벽
150 | 뜻을 세워야
151 | 본성과 개성

152 │ 조건이 없을 때 행하라
153 │ 본성과 나의 일치
154 │ 균형을 잃지 말아라
155 │ 작은 것이 중요
156 │ 우주의 진리는 절대적
157 │ 기운은 기의 느낌
158 │ 초련, 중련, 상련
159 │ 확신은 가장 큰 힘
160 │ 상근기 호흡법

2권 • 본성과의 만남 전후

1 │ 운명은 틀
2 │ 모든 것은 내 것
3 │ 흔들림
4 │ 흔들리지 않는 마음이 본성
5 │ 소중한 것을 버려라
6 │ 흔들림은 심허心虛에서 온다
7 │ 여유를 가져라
8 │ 가라앉는 호흡
9 │ 선인仙人이란
10 │ 각자覺者의 서열이 높은 이유
11 │ 수련자의 사랑
12 │ 사제지간의 도리
13 │ 인간의 도리
14 │ 운명이란
15 │ 부동不動은 단전에서 나와
16 │ 집기集氣
17 │ 법
18 │ 단斷
19 │ 도
20 │ 마음대로 하라
21 │ 자기 자신을 속이지 말아라
22 │ 수련의 요체
23 │ 나와의 인연
24 │ 서두름
25 │ 자신自信을 가져라
26 │ 마음이 편해야

27 │ 수련은 자기 확인
28 │ 기회의 포착
29 │ 하늘이 요구하는 인간
30 │ 기상 이변
31 │ 나는 절대 가치
32 │ 나를 찾은 후 수련
33 │ 나의 화신
34 │ 인간의 변수
35 │ 호흡과 정신의 일치
36 │ 마음은 천지 만물
37 │ 자신의 자리에 있어야
38 │ 포기하라
39 │ 매사가 기회
40 │ 단순함이 근본
41 │ 힘과 짐
42 │ 견딘다는 것
43 │ 자신自信을 가져라
44 │ 평범한 것이 어렵다
45 │ 마음에는 없는 것이 없다
46 │ 마음먹은 바를 오래 간직해야
47 │ 정확해라
48 │ 세 번의 기회
49 │ 수련 중의 도움
50 │ 업적은 우주의 일
51 │ 자신을 깨라
52 │ 영靈의 호흡
53 │ 정보는 호흡
54 │ 입기入氣와 출기出氣
55 │ 단전으로 판단하라
56 │ 베푸는 것이 거두는 것
57 │ 여유는 힘
58 │ 깨달음은 중간 목표
59 │ 나를 위해 살라
60 │ 실생활과 수련의 조화
61 │ 의지는 인내의 약
62 │ 자만이 아닌 자신
63 │ 문학에서의 성취
64 │ 생각을 주의해라
65 │ 호흡은 만법에 우선
66 │ 힘의 결집은 조화로써 가능

323

67	중화를 이루는 방법	107	잡념은 죄악
68	호흡은 모든 것	108	무념이란
69	도는 조정	109	정성의 대상은 자신
70	도는 원래 존재하는 것이 아니다	110	수련은 힘
71	호흡에 감사해야	111	사랑의 양면성
72	명命의 조절이 가능	112	도는 나와의 일치
73	일상日常의 계획	113	버린다는 것
74	마음대로 할 수 있는 것	114	수련하는 인연
75	수련은 작지도 크지도 않아	115	본성은 모두 같다
76	마음은 스승	116	직분에 충실하라
77	작은 일 1	117	여자의 생리와 수련
78	작은 일 2	118	천기를 자랑하지 말아라
79	작은 일 3	119	법이란
80	인간이 위대한 것은 정성 때문	120	건강은 우선하는 가치
81	문학의 어려움	121	불가능은 없다 1
82	물物 위주로 생각하면 고개가 꺾어진다	122	한 가지 일
83	거듭되는 좌절	123	자신의 일
84	정확에서 출발해야	124	하늘은 항상 맑다
85	소각과 대각	125	천벌이란
86	고해의 의미	126	아무것도 없다
87	나는 절대 명제	127	세상일의 순서
88	현재의 위치가 가장 중요	128	세상의 서열
89	정성	129	우주는 마음
90	자족을 알라	130	천기 수련
91	호흡 7	131	집중이 가능한 마음
92	일상日常이 중요	132	마음이 맑으면 우주와 교신이 가능
93	한 곳을 지향하라	133	수련으로 인도되기 위한 과정
94	노력은 우주를 감동시켜	134	우주와 교신이 가능한 인간
95	아침은 하늘의 시간	135	수련의 기회
96	신도 인간이 수련하는 것은 못 막아	136	새벽 기도
97	불만은 깨달음으로 인도한다	137	수련에서 실마리가 풀리면
98	부족하면 부족한 대로	138	수련은 사후세계의 보장
99	기공에서 심공으로	139	호흡 계송
100	우주는 생각으로 움직여	140	하늘은 공평하다
101	단전으로 보고	141	일체 유심조
102	쉬는 법	142	정성은 우주를 움직이는 힘
103	하늘 인간	143	인간의 미래
104	기안, 영안, 법안, 심안	144	모든 것을 바로 보는 것
105	정신일도 하사불성	145	인생을 적극적으로 운용하라
106	때란 기운이 지원되는 시기	146	사람은 항상 같아야

147	모르게 도와라	23	수련과 직업
148	힘이 있어야	24	작은 일은 작게
149	수련에서는 재시도가 가하다	25	기회를 잡는 힘
150	진리와의 일치	26	공과 사의 구분
151	작은 일이 역사를 만들어	27	대가 없는 것은 없다
152	세상을 긍정적으로 이용해야	28	맡겨라
153	모든 것은 내 탓	29	중복되는 역할
154	자신에게 원인이 있다	30	『수련의 결실은 늦다
155	텔레파시가 가능한 인류	31	『도○』라는 책에 대하여
156	수련은 가볍지 않다	32	타인의 감정 손상은 업
157	자신에게 감사	33	힘의 비축
158	복을 짓는 일	34	마음이 차분해야
159	기억력의 증가	35	능력 개발이 필요
160	충전 시는 충전만을	36	소아小我에서 대아大我로
		37	네 자리를 찾아라
		38	인격과 신격

3권 • 본성과의 만남 전후

		39	산 호흡, 죽은 호흡
		40	결실을 맺는 시기
1	나를 챙긴 뒤 남을 도와야	41	글은 또 하나의 수련 지도
2	매사가 수련	42	신의 의지, 인간의 의지
3	남에게 편하게 대하라	43	나에게서 벗어나는 것
4	'94년을 보내며	44	출생 배경이란
5	'95년을 맞이하며	45	지극 정성
6	몸은 마음의 받침돌	46	명확한 생각이 기본
7	몸과 마음	47	자신의 일을 찾아야
8	인간은 자체가 가능성	48	본성의 지시
9	나를 극복하지 못하면	49	반드시 해야 하는 일
10	작은 일은 깨달음의 시원	50	사람이 되는 일
11	편할수록 길이 있다	51	인간과 인류
12	건강은 수련의 기초 단계	52	자신의 일을 빼앗기지 말라
13	통찰력은 만사 해결의 근본	53	지구의 미래
14	세 가지 유형	54	수련 외의 일
15	자신의 일이 중요	55	자신의 일
16	자신의 길	56	부끄러움
17	맑아야 한다	57	일은 감사의 대상
18	천하는 사람의 하반신	58	시간은 고무줄과 같다
19	남을 위해서도 살라	59	진화는 인간의 목표
20	인생은 원래 답답한 것	60	마음의 힘이 진력眞力
21	바보 세 명에게도 배울 것이	61	사명과 소명
22	인체의 두 가지 리듬	62	하지 않아야 할 일

63	본분을 지키는 일	103	기억력의 저하
64	순리로 풀라	104	문학의 스승
65	확신은 100%의 힘	105	누구와도 통한다
66	쓸데없는 것들	106	법도 정情 앞에 무력하다
67	사람다운 사람	107	천상천하 유아독존
68	두려움과 실패	108	환경
69	아화我化	109	몸이 무거운 것
70	천도天道	110	선善은 순리
71	일의 순서	111	영력은 시초에 불과
72	평범과 비범	112	확신은 천인의 기본 조건
73	뜻이란	113	해외 취재 기회
74	분수	114	시아버님 병환
75	우주의 사랑	115	조건은 자신의 탓
76	자살은 죄인가	116	육성 시의 방향
77	옥토의 효과	117	각覺의 시작
78	잃는 기술	118	생로병사의 즐거움
79	수련의 방법과 내용	119	선각자의 임무
80	회갑의 의미	120	기운 자체가 업
81	인간과 우주의 차이	121	공동 진화의 길
82	내 일을 아는 것이 본성	122	몸의 중요성
83	나는 나의 일로 확인된다	123	스승이란
84	스승의 역할	124	집안일의 처리
85	가장 필요한 것이 유혹	125	의지와 인내
86	자유 의지	126	사명과 임무
87	인간은 완성체	127	관성이 운명
88	자신의 완성은 자신만이	128	본성의 통일
89	자유의 씨앗	129	길이 멀다
90	심력心力 다지기	130	큰 그릇
91	때란	131	스승이 필요한 이유
92	방송 작가로 데뷔하다	132	업은 내 탓이다
93	인간의 지혜	133	법법과 본본
94	오링 테스트	134	성性과 본본
95	몸의 불균형	135	호흡으로 천하통일
96	신경 쇠약	136	동료에 대하여
97	근기에 따른 정신 자세	137	인간의 일은 수련
98	염력의 사용	138	인연
99	욕심을 제거하는 수련	139	두려움은 약
100	채워지지 않아도 넘어가라	140	진리는 내 안에 있다
101	저울의 추가 오행	141	생명이 있을 때 거두라
102	무화無化	142	본질과 변수

143 | 인간과 인류
144 | 몸이 허해지는 것
145 | 사랑니, 편도선, 맹장
146 | 독립 운동가 홍범도
147 | 땅만 보는 인간
148 | 기는 맑아야
149 | 최선을 다해라
150 | 스스로 돕는 자
151 | 불가능은 없다 2
152 | 각覺은 의지의 결정체
153 | 인간의 일은 하늘에 등록된다
154 | 남의 탓이 없다
155 | 고비는 승패의 갈림길
156 | 심호흡 10회
157 | 어려움의 생활화
158 | 동양과 서양
159 | 자신을 심판하는 것
160 | '나'는 전지전능하다

19 | 자신의 통제
20 | 도전에 대한 응전
21 | 호흡 8
22 | 시간의 사용
23 | 때란
24 | 한계는 없다
25 | 불가능은 없다 3
26 | 바라는 바가 있어야
27 | 운명이라는 변수
28 | 부동심
29 | 드라마 작가
30 | 여러 종류의 사람
31 | 하늘의 뜻
32 | 정情은 최종 관문
33 | 인간에 대한 하늘의 뜻
34 | 사는 이유
35 | 기운을 모으는 법
36 | 마음을 정리하는 법
37 | 우주화
38 | 인간의 도리
39 | 생각의 부족
40 | 돈에 대하여

4권 • 본성과의 만남 전후

1 | 사고방식의 정리
2 | 편견은 가장 큰 결점
3 | 이진법
4 | 마음의 정리
5 | 진리
6 | 오늘이 중요
7 | 운은 새와 같다
8 | 세 가지 운
9 | 변화와 진화
10 | 수련의 가속화
11 | 노력과 진화
12 | 정상이란
13 | 호흡은 공기의 공유
14 | 홀로 서라
15 | 부끄러움 1
16 | 부끄러움 2
17 | 부끄러움 3
18 | 부끄러움 4

41 | 동료의 승진
42 | '96년을 맞이하며
43 | 소설「2000년의 한국」
44 | 호르몬 조절
45 | 기운이 없을 때
46 | 타 수련으로의 이적
47 | ○○ 포기공
48 | 동료의 의술
49 | ○○기공
50 | 영혼결혼식
51 | 정신적 공황
52 | 지역감정의 뿌리
53 | 평두
54 | 성폭행과 매춘
55 | 배우자
56 | 대형 사고의 희생자들
57 | 초능력은 신명 접합인가
58 | 재림주는 있는가

59 | 종교의 사명
60 | 인간의 영급
61 | 보호령
62 | 지구 인류의 시원
63 | 지구의 기운을 통제하는 능력

수련원 개원 이후

64 | 수련 지도 1
65 | '98년 새해 아침
66 | 수련 지도 2
67 | 기공과 심공
68 | 작가와의 만남
69 | ○존자尊者의 표상
70 | 호흡의 중요성
71 | 하늘의 입장에서
72 | ○○감식법
73 | ○음법
74 | 수련이란
75 | 선생의 도리
76 | 수련 지도 3
77 | 제자의 도리
78 | 법의 전달
79 | 수련 지도 4
80 | 48회 생일
81 | 인간의 도리
82 | 수련원 개원
83 | 남는 부분과 부족한 부분
84 | 중화된 냉기
85 | 『격암유록』의 10승지
86 | 수련생에 대한 문의
87 | 나에 대한 문의
88 | 가족들의 전생
89 | 버거씨병
90 | 명命에 대하여
91 | 명부命簿 1
92 | 자궁 근종
93 | 천기누설
94 | 꾸지람
95 | ○란시아
96 | 천도 1
97 | 천도 2
98 | 중간 점검 1
99 | 물物에 대한 공부
100 | 아내의 가출
101 | 생활과 수련과의 문제
102 | 살기 좋은 곳
103 | 보호령 1
104 | 기운의 역류
105 | 전신 마취
106 | 부부 수련생
107 | 1998년 송년 메시지
108 | 새해를 맞이하며
109 | 명부 2
110 | 땅 매입 건
111 | 명부 3
112 | 수선재 로고
113 | 명부 4
114 | 천도 3
115 | 에이즈AIDS
116 | 중간 점검 2
117 | 수술 시기
118 | 보호령 2
119 | 수련
120 | 49회 생일